국어뿐만 아니라 다른 과목을 공부하는 데 있어 가장 기초가 되는 것은 글을 읽고 내용을 파악하는 힘입니다. 학교에서 배우는 모든 과목은 알다시피 우리말의 낱말과 문장으로 이루어져 있습니다. 따라서 글을 읽고 내용을 이해하는 데 어려움이 없다면 아무리 배경 지식이 없는 낯선 내용이라도 충분히 글의 내용을 자신의 것으로 정리해 낼 수 있습니다.

글을 읽고 내용을 파악하는 데 핵심이 되는 능력은 어휘력과 독해력입니다. 그리고 어휘력과 독해력을 키우는 데 가장 좋은 것은 무엇보다도 꾸준한 독서 습관입니다. 평소에 책 읽기를 좋아하고 여러 분야의 책을 많이 읽은 아이라면 어휘력과 독해력이 다른 아이에 비해 부족함이 없을 것입니다.

하지만 절대적인 독서량이 부족하고 책을 읽더라도 정독하지 못하고 글의 내용이나 주제를 파악하는 데 서툰 아이라면 독서 방법이나 습관을 개선하기 위한 별도의 교육이 필요합니다. 가장 효과적인 교육 방법은 부모님이 아이에게 책을 읽어 주는 것입니다. 책 읽어 주기는 아이 스스로 책에 대한 거부감을 없애고 책을 좋아하게 만들기 위해 부모가 해야 할 기본적인 역할입니다.

책 읽어 주기와 더불어 짧은 글을 읽고 글의 내용을 파악하는 훈련을 지속적으로 해 주세요. 이것은 정독 습관을 길러주기 위한 것으로, 주어진 문제를 해결하기 위해서는 짧은 글이라도 꼼꼼하게 읽어야 한다는 것을 아이가 깨닫도록 하기 위함입니다. 예비초등 공습국어를 활용하면 이 훈련을 효과적으로 진행하는데 많은 도움이 될 것입니다.

이렇게 책을 좋아하고 정독하는 습관을 갖게 된다면 아이의 어휘력과 독해력은 점점 탄탄해질 것입니다. 특히 초등 입학 전부터 어휘력과 독해력을 착실하게 다져 놓는다면 학교 공부를 따라가는 데 큰 부담을 덜 수 있을 뿐 아니라 실력면에서도 한 발 더 앞서나가는 아이가 될 것입니다.

예비초등 공습국어의 특징

하나 흥미롭고 유익한 글감이 가득!

우리 주변의 소소한 일상에서부터 알쏭달쏭 신기한 자연 현상에 이르기까지 아이들이 알아 두면 좋을 여러 가지 이야기를 아기자기한 그림과 함께 수록하였습니다. 또한 같은 주제에 해당하는 글들을 동화, 동요, 일기, 편지, 설명문 등 다양한 형식으로 구성하여 갈래별로 글의 특징을 맛볼 수 있도록 했습니다.

둘 미리 체험해보는 초등 1, 2학년!

각 마당별 글감들은 초등 1~2학년 교과인 바른 생활, 슬기로운 생활, 즐거운 생활 영역의 활동 주제들로 구성하였습니다. 이를 통해 취학 전에 1~2학년 교과 주제와 관련된 내용을 미리 체험할 수 있습니다.

셋 어휘와 독해 훈련을 한번에!

초등용 공습국어가 어휘와 독해로 나누어져 있다면 예비초등 공습국어는 어휘와 독해를 한 교재 안에서 공부할 수 있도록 구성했습니다. 이를 통해 어휘와 독해 어느 한쪽에 치우치지 않고 고르게 학습할 수 있습니다.

넷 학습 지도를 위한 문제 풀이 및 해설!

교재에 들어 있는 별도의 정답지를 통해 문제에 대한 해설과 문제 풀이를 위한 학습 지도 요령을 확인할 수 있습니다. 집에서 아이와 교재 학습을 진행할 때 참고하면 많은 도움이 될 것입니다.

하나 아이와 함께 하는 것이 무엇보다 중요합니다.

취학 전 아동의 경우 글을 읽거나 문제 풀이 활동이 익숙하지 않으므로, 혼자서 교재를 보고 공부하는 것이 쉽지 않습니다. 특히 본 교재는 글 읽기가 중요합니다. 독서 경험이 풍부한 아이라면 큰 어려움이 없겠지만 대부분 아이들은 글 읽기가 아직은 서툴고 어렵습니다. 따라서 부모님께서 교재에 나와 있는 지문이나 문제를 아이에게 직접 읽어 주시는 것이 좋습니다. 그런 다음 아이도 소리 내어 글을 읽을 수 있도록 지도해 주시기 바랍니다. 문제를 풀 때도 정답에 제시된 문제 풀이 방법과 지도 방법을 참조하여 아이와 서로 이야기하는 것이 학습 효과를 높이는 데 많은 도움이 됩니다.

둘 꾸준함이 좋은 공부 습관을 만듭니다.

어휘력과 독해력은 글을 읽을 때 정확하고 꼼꼼하게 읽는 정독 습관을 통해 형성됩니다. 이 말은 바꿔 이야기하면 정독 습관이 제대로 형성되지 않으면 어휘력과 독해력을 향상시키기가 쉽지 않다는 것입니다. 습관을 들이기 위해서는 꾸준하고 지속적인 훈련이 필요합니다. 따라서 본 교재를 볼 때 매일 1차시 정도의 분량을 꾸준히 학습할 수 있게 지도해 주시기 바랍니다.

셋 천천히 여유를 가지고 지켜봐 주세요.

아이와 문제를 풀다보면 방금 읽은 내용인데도 잊어버리고 헤매는 경우를 많이 경험해 보았을 것입니다. 그런 경우 답답하다고 아이를 다그치거나 좋지 못한 소리를 하면 아이들은 위축되고 스트레스를 받아 오히려 학습 의욕이 떨어지게 됩니다. 읽은 글의 내용이 잘 생각나지 않으면 다시 천천히 꼼꼼하게 읽어 보게 하세요. 그리고 시간에 쫓기 듯 문제를 풀게 하지 마시고 아이에게 충분히 생각할 시간을 주고 스스로 문제를 해결할 수 있도록 여유를 가지고 지켜봐 주세요.

넷 책 읽기가 어휘력과 독해력의 기본임을 잊지 마세요.

공습국어를 통해서 다양한 주제를 가진 여러 갈래의 글들을 접할 수 있고, 문제 풀이를 통해 어휘력과 독해력을 키울 수 있지만, 어휘력과 독해력의 기본은 다양하고 풍부한 독서 체험입니다. 교재 학습은 보조적 수단입니다. 궁극적으로는 아이가 책을 좋아하도록 만들어야 합니다.
아이가 흥미를 가질 만한 내용이 담긴 책을 부모님께서 꾸준히 읽어주고 책의 내용에 대해 자유롭게 대화를 나눠 보세요. 아이와 책이 가까워지는 데 많은 도움이 될 것입니다.

마당과 차시 구성 미리 보기

예비초등 공습국어는 한 마당이 다섯 개의 차시로 구성되어 있어 하루에 한 차시씩 학습할 때 1주일 정도가 소요됩니다. 따라서 매일 한 차시씩 꾸준히 진도를 나갈 경우 3주면 1권을 마무리할 수 있습니다.

부모님께

이번 마당에 나오는 글들이 초등 1~2학년 과목에서 어떤 주제에 해당하는지 소개하고 학습 지도 방법을 설명합니다.

마당 길잡이

이번 마당의 교과 영역과 각 차시별 글의 갈래와 내용, 그리고 글을 읽는 방법을 보여 줍니다. 처음 마당을 시작할 때 이곳을 통해 마당의 전체적인 내용을 확인하세요.

글을 읽어요

각 차시별로 문제를 풀기 위해 읽어야 할 글입니다. 부모님께서 먼저 읽어주시고, 그 다음 아이가 소리 내어 읽게 해 주세요. 그리고 읽을 때는 글의 내용을 생각하며 천천히 꼼꼼하게 읽어야 합니다.

낱말 쏙쏙

글에 나온 낱말 중 아이들이 조금 어려워할 만한 낱말이나 소리나 모양 등을 흉내 내는 낱말의 뜻을 풀어서 설명합니다.

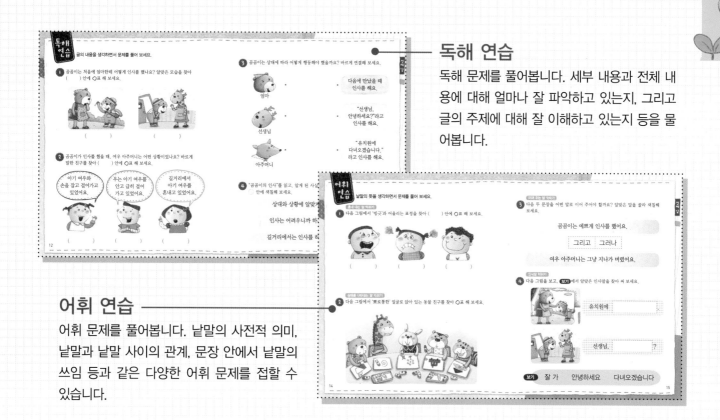

독해 연습

독해 문제를 풀어봅니다. 세부 내용과 전체 내용에 대해 얼마나 잘 파악하고 있는지, 그리고 글의 주제에 대해 잘 이해하고 있는지 등을 물어봅니다.

어휘 연습

어휘 문제를 풀어봅니다. 낱말의 사전적 의미, 낱말과 낱말 사이의 관계, 문장 안에서 낱말의 쓰임 등과 같은 다양한 어휘 문제를 접할 수 있습니다.

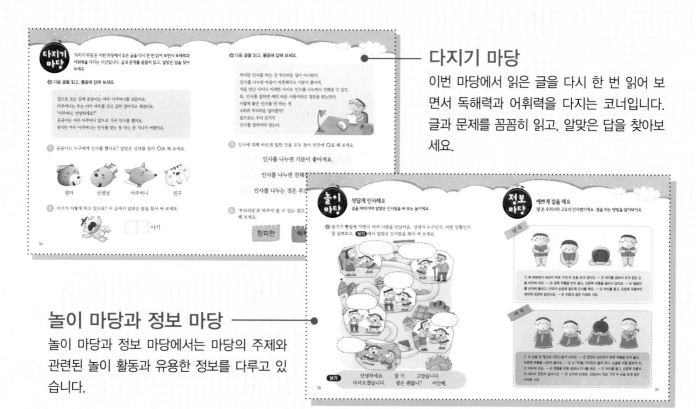

다지기 마당

이번 마당에서 읽은 글을 다시 한 번 읽어 보면서 독해력과 어휘력을 다지는 코너입니다. 글과 문제를 꼼꼼히 읽고, 알맞은 답을 찾아보세요.

놀이 마당과 정보 마당

놀이 마당과 정보 마당에서는 마당의 주제와 관련된 놀이 활동과 유용한 정보를 다루고 있습니다.

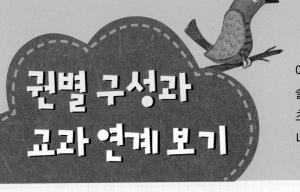

권별 구성과 교과 연계 보기

예비초등 공습국어의 각 마당은 초등 1~2학년 교과인 바른 생활, 슬기로운 생활, 즐거운 생활의 주제와 서로 연관이 되어 있습니다. 초등 교과목과의 연계를 통해 아이들은 미리 학교에서 배우게 될 내용들을 간접적으로 체험할 수 있습니다.

권	마당	제목	과목	주제
1권	첫째 마당	신 나는 동요	즐거운 생활	동요를 부르는 즐거움
	둘째 마당	화목한 가족	슬기로운 생활	가족 구성원과 가족의 소중함
	셋째 마당	올바른 생활 습관	바른 생활	생활 습관의 중요성
2권	첫째 마당	알록달록 색깔	즐거운 생활	색깔의 종류와 다양한 느낌
	둘째 마당	소중한 친구	바른 생활	바람직한 친구 관계
	셋째 마당	정다운 우리 마을	슬기로운 생활	우리 마을과 함께 사는 이웃
3권	첫째 마당	즐거운 운동과 놀이	즐거운 생활	여러 가지 놀이와 운동
	둘째 마당	다 함께 지켜요	바른 생활	공공장소에서의 바른 행동
	셋째 마당	신기한 우리 몸	슬기로운 생활	우리 몸에서 일어나는 현상
4권	첫째 마당	정다운 인사	바른 생활	상황에 알맞은 인사법
	둘째 마당	흥겨운 악기	즐거운 생활	음악의 여러 요소와 악기
	셋째 마당	와글와글 시장	슬기로운 생활	가게와 물건의 필요성
5권	첫째 마당	재미있는 연극과 흥겨운 춤	즐거운 생활	다양한 놀이와 느낌의 표현
	둘째 마당	자랑스러운 우리나라	바른 생활	우리나라를 상징하는 것
	셋째 마당	계절과 생활	슬기로운 생활	사계절 속 사람과 동식물의 생활
6권	첫째 마당	낮과 밤	슬기로운 생활	낮과 밤의 변화와 하루 일과
	둘째 마당	흥겨운 민속놀이	즐거운 생활	민속놀이의 즐거움과 조상의 삶
	셋째 마당	아름다운 환경	바른 생활	환경의 중요성과 실천 방법
7권	첫째 마당	왁자지껄 소리	즐거운 생활	소리의 구별과 표현
	둘째 마당	동식물은 내 친구	슬기로운 생활	동식물 기르기와 생명 존중의 마음
	셋째 마당	재미있는 숫자	수학	숫자와 수의 순서

차례

첫째 마당

정다운 인사

"첫째 마당에서는 인사에 대한
여러 가지 글을 읽어 볼 거예요.
인사를 어려워하는 꼬마 곰을 만나고, 인사의 좋은
점을 알려 주는 아빠의 편지도 함께 읽어요.
또, 세계 여러 나라의 인사법과 동물들의 인사법에
대해서도 알아보아요.
주어진 글을 모두 읽고 나면 우리가 날마다 하는
인사에 대해 좀 더 잘 알게 될 거예요."

부모님께

첫째 마당에서 다루고 있는 '정다운 인사'는 초등
1학년 1학기 국어 3단원과 초등 1학년 바른 생활
영역의 대주제 중 하나인 '예절 지키기'와 연관되
어 있습니다. 이것은 인사를 나누었을 때의 좋은
점을 알고, 상대와 상황에 알맞은 인사말과 인사
법을 익히는 활동입니다. 인사는 우리 생활과 매
우 밀접한 주제입니다. 교재 학습과 더불어 생활
속에서 자연스럽게 인사의 중요성과 알맞은 인사
법을 알 수 있도록 지도해 주세요.

마 당 길 잡 이

교과영역	✔ 바른 생활	슬기로운 생활	즐거운 생활

순서	글감 제목	글감 내용	이렇게 읽어요
첫째 날	곰곰이의 인사 (이야기)	곰곰이가 인사하는 모습을 살펴보면서 인사를 바르게 하는 방법을 알아보아요.	인물이 하는 인사말에 주의하며 읽어요.
둘째 날	인사를 잘하자 (편지)	아빠가 은기에게 보낸 편지를 통해 인사를 하면 어떤 점이 좋은지 알아보아요.	글쓴이의 생각과 그 까닭을 잘 살펴보며 읽어요.
셋째 날	서로 다른 인사법 (설명하는 글)	다른 나라 사람들은 어떻게 인사를 하는지 알아보아요.	중요한 내용을 정리하며 읽어요.
넷째 날	"안녕! 잘 있었니?" 를 읽고 (독서 감상문)	글쓴이가 읽은 책의 내용을 통해 동물들은 어떻게 인사를 하는지 알아보아요.	책의 내용과 글쓴이의 생각을 구별하며 읽어요.

다섯째 날	다지기 마당	앞에서 공부한 내용을 다시 한 번 확인해 보아요.
	놀이 마당	길을 따라가며 알맞은 인사말 붙이기 놀이를 해 보아요.
	정보 마당	절을 하는 방법을 알아보아요.

곰곰이의 인사

"엄마, 유치원 갔다 올게." 곰곰이가 손을 흔들며 인사했어요.
"곰곰아, 예쁘게 인사하기로 엄마랑 약속했잖아.
고개를 숙이며 '유치원 다녀오겠습니다.'라고 해야지."
곰곰이는 다시 인사를 하고 유치원으로 갔어요.

"선생님, 유치원 다녀오겠습니다."
곰곰이는 선생님을 보자마자 예쁘게 인사했어요.
선생님께서 **빙긋** 웃으시며 말씀하셨어요.
"오늘은 곰곰이가 더 예쁘게 인사하고 싶었구나.
그런데 '안녕하세요?'라고 하는 것이 맞단다."

낱말쏙쏙
🌸**빙긋**
소리 없이 가볍게 웃는
모양을 나타내는 말이에요.

10

집으로 오는 길에 곰곰이는 여우 아주머니를 보았어요.
아주머니는 우는 아기 여우를 안고 급히 걸어가고 계셨어요.
"아주머니, 안녕하세요?"
곰곰이는 여우 아주머니 앞으로 가서 인사를 했어요.
하지만 여우 아주머니는 인사를 받는 둥 마는 둥 지나가 버렸어요.

곰곰이는 **뽀로통한** 얼굴로 엄마에게
여우 아주머니 이야기를 했어요.
"곰곰아, 엄마 생각에는 아기 여우가 아파서 그러신 것 같아.
인사를 할 때에는 상대방의 상황도 잘 살펴야 해."
"아휴, 인사가 이렇게 어려운 것이었다니……."
곰곰이는 머리를 절레절레 흔들었어요.

낱말쏙쏙
🌸**뽀로통한**
(뽀로통하다)
못마땅하여 얼굴에
화가 난 빛이 나타나
있다는 뜻이에요.

안녕하세요…

글의 내용을 생각하면서 문제를 풀어 보세요.

1 곰곰이는 처음에 엄마한테 어떻게 인사를 했나요? 알맞은 모습을 찾아
( ) 안에 ◯표 해 보세요.

(   )

(   )

2 곰곰이가 인사를 했을 때, 여우 아주머니는 어떤 상황이었나요? 바르게
말한 친구를 찾아 ( ) 안에 ◯표 해 보세요.

아기 여우와
손을 잡고 걸어가고
있었어요.

우는 아기 여우를
안고 급히 걸어
가고 있었어요.

길거리에서
아기 여우를
혼내고 있었어요.

(   )   (   )   (   )

3 곰곰이는 상대에 따라 어떻게 행동해야 했을까요? 바르게 연결해 보세요.

엄마

선생님

아주머니

다음에 만났을 때 인사를 해요.

"선생님, 안녕하세요?"라고 인사를 해요.

"유치원에 다녀오겠습니다." 라고 인사를 해요.

4 "곰곰이의 인사"를 읽고, 알게 된 사실은 무엇인가요? 바르게 말한 것을 찾아 ○ 안에 색칠해 보세요.

상대와 상황에 알맞게 인사를 해요. ○

인사는 어려우니까 하지 않아도 돼요. ○

길거리에서는 인사를 하지 말아야 해요. ○

낱말의 뜻을 생각하면서 문제를 풀어 보세요.

`흉내 내는 말 익히기`

1 다음 그림에서 '빙긋'과 어울리는 표정을 찾아 (   ) 안에 ◯표 해 보세요.

(   )   (   )   (   )

`상태를 나타내는 말 익히기`

2 다음 그림에서 '뾰로통한' 얼굴로 앉아 있는 동물 친구를 찾아 ◯표 해 보세요.

이어 주는 말 익히기

3 다음 두 문장을 어떤 말로 이어 주어야 할까요? 알맞은 말을 골라 색칠해 보세요.

곰곰이는 예쁘게 인사를 했어요.

그리고 | 그러나

여우 아주머니는 그냥 지나가 버렸어요.

인사말 익히기

4 다음 그림을 보고, 보기 에서 알맞은 인사말을 찾아 써 보세요.

유치원에 [   ] .

선생님, [   ] ?

보기   잘 가   안녕하세요   다녀오겠습니다

15

인사를 잘하자

사랑하는 은기에게

은기야, 안녕? 아빠가 편지를 보내서 놀랐지?

아빠가 우리 아들에게 꼭 하고 싶은 말이 있어서 말이야.

너는 좋은 점이 참 많은 아이야.

그런데 아빠가 보기에 한 가지 아쉬운 점이 있어.

그건 바로 인사를 잘 안 한다는 거야.

어제 아빠랑 같이 공원에 가다가 친구를 만났지?

그때도 친구는 너에게 반갑게 인사를 하는데,

너는 **쑥스러워**하면서 그냥 지나치더라.

물론 네가 부끄러움을 많이 타는 건 알아.

낱말쏙쏙

🌸**쑥스러워**
  (쑥스럽다)

행동이 자연스럽지 못하고
괜히 부끄러워한다는
뜻이에요.

하지만 인사를 하는 건 부끄러운 일이 아니란다.

인사를 나누면 마음이 따뜻해지고 기분이 좋아져.

처음 만난 사이나 **어색한** 사이도

인사를 나누면서 친해질 수 있지.

또, 인사를 잘하면 예의 바른 사람이라고 칭찬을 받는단다.

이렇게 좋은 인사를 안 하는 게 오히려 부끄러운 일이겠지?

앞으로는 우리 은기가 인사를 잘하리라 믿는다.

그럼 늘 건강하렴.

너의 영원한 친구 아빠가

낱말쏙쏙
✿ 어색한
(어색하다)

친하지 않은 사람과 마주
대하여 자연스럽지 못하다는
뜻이에요.

17

글의 내용을 생각하면서 문제를 풀어 보세요.

1 이 글은 누가 누구에게 쓴 편지인가요? 바르게 말한 친구를 찾아 (   ) 안에 ○표 해 보세요.

엄마가 딸에게 쓴 편지예요.

아빠가 아들에게 쓴 편지예요.

선생님이 학생에게 쓴 편지예요.

(   )   (   )   (   )

2 은기는 길에서 친구를 만났을 때 어떻게 하였나요? 알맞은 모습을 찾아 (   ) 안에 ○표 해 보세요.

(   )   (   )

3 인사를 하면 어떤 점이 좋다고 하였나요? 바르게 말한 것을 모두 찾아 색칠해 보세요.

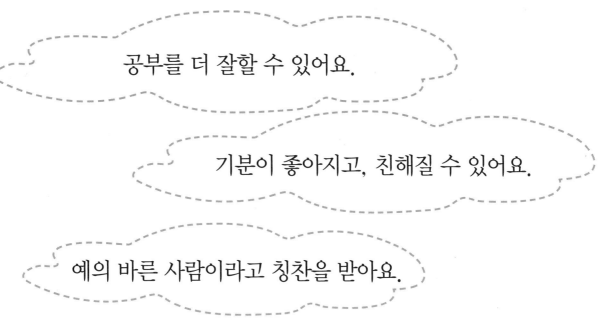

공부를 더 잘할 수 있어요.

기분이 좋아지고, 친해질 수 있어요.

예의 바른 사람이라고 칭찬을 받아요.

4 이 편지에서 아빠가 은기에게 하고 싶은 말은 무엇인가요? 바르게 말한 것을 찾아 ○표 해 보세요.

은기야, 앞으로는 좀 더 씩씩해지렴.

은기야, 앞으로는 인사를 잘하렴.

은기야, 앞으로는 친구와 사이좋게 지내렴.

낱말의 뜻을 생각하면서 문제를 풀어 보세요.

'과', '와' 익히기

1 두 낱말을 이어 주는 알맞은 말을 찾아 ⬚ 안에 색칠해 보세요.

아빠 | 와 | 과 | 아들

사람 | 와 | 과 | 사람

기분을 나타내는 말 익히기

2 마음에 생기는 여러 가지 느낌을 '기분'이라고 해요. 다음 중 기분을 나타내는 말을 모두 찾아 ◯표 해 보세요.

◉ 부끄럽다   ◉ 나누다   ◉ 만나다

◉ 아쉽다   ◉ 놀라다   ◉ 쑥스럽다

◉ 지나치다

3 다음 문장에 어울리는 낱말을 찾아 ( ) 안에 ○표 해 보세요.

친구가 (반갑게 / 화나게) 인사를 했어요.

우리는 아직 (똑똑한 / 어색한) 사이예요.

4 다음 그림을 보고, 보기 에서 알맞은 말을 찾아 써 보세요.

선생님께 [| |] 해요.

선생님께 [| |] 받아요.

보기   칭찬을   마음을   인사를

서로 다른 인사법

우리는 날마다 여러 사람에게 인사를 해요.
손을 흔들기도 하고, 고개를 숙이기도 하지요.
설날 같은 **명절**에는 절을 드리기도 하고요.
그런데 세계에는 우리와 전혀 다른 인사법이 많이 있어요.

말레이 사람들은 모자를 벗고 머리에 손을 얹지요.
티베트 사람들은 혀를 길게 내밀어요.
이러한 인사에는 서로를 존경한다는 뜻이 담겨 있어요.

낱말쏙쏙

❋명절

해마다 일정하게 지키어
즐기는 때를 뜻해요..

아프리카에는 상대에게 침을 뱉는 인사법도 있어요.
이런 인사를 받으면 기분이 좋지 않을 것 같다고요?
하지만 이건 매우 특별한 인사예요.
그 사람들은 침을 아주 좋은 것으로 생각하거든요.
그리고 미국이나 유럽 사람들은
악수를 하거나 껴안거나 입을 맞추는 인사를 주로 하지요.

이처럼 인사를 하는 방법은 지역마다 다르답니다.
하지만 인사 속에 담겨 있는 따뜻한 마음은
모두가 똑같답니다.

낱말쏙쏙
❀악수
서로 손을 내밀어 마주 잡는
것이에요.

23

글의 내용을 생각하면서 문제를 풀어 보세요.

1 무엇에 대하여 쓴 글인가요? 바르게 말한 친구를 찾아 (   ) 안에 ◯표 해 보세요.

세계의 명절에 대해 쓴 글이에요.

세계의 음식에 대해 쓴 글이에요.

세계의 인사법에 대해 쓴 글이에요.

(   )　　　(   )　　　(   )

2 다음은 어느 지역 사람들이 인사를 하는 모습인가요? 알맞은 이름을 찾아 색칠해 보세요.

일본 　 말레이

한국 　 프랑스

3 미국이나 유럽 사람들은 주로 어떤 방법으로 인사를 하나요? 알맞지 <u>않은</u> 모습을 찾아 ○표 해 보세요.

4 이 글을 읽고, 알게 된 사실은 무엇인가요? 바르게 말한 것을 찾아 ◯ 안에 색칠해 보세요.

전 세계 사람들은 똑같은 방법으로 인사해요.

지역에 따라 인사를 하는 방법이 달라요.

지역에 따라 인사법은 달라도 인사말은 똑같아요.

낱말의 뜻을 생각하면서 문제를 풀어 보세요.

포함하는 말 익히기

1 다음 낱말 중에서 나머지 셋을 포함하는 낱말은 무엇인가요? 알맞은 것을 찾아 색칠해 보세요.

설날		명절
	대보름	
추석		단오

반대되는 표현 익히기

2 다음 그림을 보고, 밑줄 친 낱말과 반대되는 뜻의 낱말을 찾아 ○표 해 보세요.

고개를 들다.
(숙이다. / 비비다.)

모자를 쓰다.
(입다. / 벗다.)

시키는 문장 익히기

3 보기 와 같이 주어진 문장을 시키는 문장으로 바꾸어 써 보세요.

보기   인사를 잘해요. ➡ 인사를 잘해라.

혀를 길게 내밀어요.

➡ 혀를 길게 ⬚ .

서술어를 넣어 문장 완성하기

4 다음 그림을 보고, 보기 에서 알맞은 말을 찾아 써 보세요.

머리에 손을 ⬚ .

길거리에 침을 ⬚ .

보기   닦다   얹다   싣다   뱉다

"안녕! 잘 있었니?"를 읽고

동우 형이 "안녕! 잘 있었니?"라는 책을 **빌려** 주었습니다.
동물들이 어떻게 인사를 하고, 자기 땅을 표시하고,
힘을 겨루는지 등에 대해 알려 주는 그림책이었습니다.
나는 동물들의 인사법이 특히 기억에 남았습니다.

강아지는 살랑살랑 꼬리를 흔들며 인사합니다.
그리고 코끼리는 코로 악수를 합니다.
코를 앞으로 쭉 뻗어 서로의 코를 감는 것입니다.
코끼리들이 인사하는 모습을 보니,
"코끼리 아저씨는 코가 손이래."라는
노래가 생각났습니다.

낱말쏙쏙

🌸 **빌려**
(빌리다)

남의 물건이나 돈을 나중에
돌려주기로 하고 얼마 동안
쓴다는 뜻이에요.

기린은 뺨을 비비면서 혀를 날름거리며 인사합니다.
사자는 뺨을 비비면서 고개를 흔듭니다.
사자들이 뺨을 비비는 모습을 보니,
무섭지 않고 다정하게 느껴졌습니다.

프레리도그는 뽀뽀를 합니다.
프레리도그들이 뽀뽀를 하는 모습은
정말 귀엽고 사랑스러웠습니다.

이 책을 읽고, 동물들도
인사를 한다는 사실이 신기했습니다.

✿프레리도그　낱말쏙쏙
다람쥣과의 작은 동물이에요.

29

글의 내용을 생각하면서 문제를 풀어 보세요.

1 이 글은 어떤 책을 읽고 쓴 글인가요? 알맞은 책 제목을 찾아 ◯표 해 보세요.

안녕!
잘 지내.

안녕!
잘 있었니?

안녕!
또 만나자.

2 코끼리들은 어떻게 인사를 하나요? 알맞은 모습을 찾아 ( ) 안에 ◯표 해 보세요.

( )

( )

3 기린과 사자, 프레리도그는 어떻게 인사를 하나요? 알맞은 인사법을 찾아 바르게 연결해 보세요.

뽀뽀를 해요.

뺨을 비비면서
고개를 흔들어요.

뺨을 비비면서
혀를 날름거려요.

4 글쓴이가 책을 읽고, 느낀 점은 무엇인가요? 바르게 말한 것을 찾아 색칠해 보세요.

강아지는 꼬리를
흔들며 인사를 해.

동우 형이 책을
빌려 주었어.

동물들도
인사를 한다는
사실이 신기했어.

낱말의 뜻을 생각하면서 문제를 풀어 보세요.

흉내 내는 말 익히기

1 다음 그림을 보고, 알맞은 말을 찾아 색칠해 보세요.

살랑살랑	주렁주렁

푹	쭉

신체를 나타내는 말 익히기

2 다음 보기 에서 알맞은 말을 찾아 ⬚ 안에 써 보세요.

보기 코   뺨   혀   꼬리   고개

목적격 조사 익히기

3 안에 들어갈 알맞은 말을 찾아 색칠해 보세요.

· 동우는 손 을 를 흔들며 인사해요.

· 강아지는 꼬리 을 를 흔들며 인사해요.

문장 바꾸어 쓰기

4 다음 그림을 보고, 보기 에서 알맞은 말을 찾아 써 보세요.

보기 코끼리는 뚱뚱하다. ➡ 뚱뚱한 코끼리

· 사자는 무섭다. ➡ 사자

· 프레리도그는 귀엽다. ➡ 프레리도그

다지기 마당

'다지기 마당'은 이번 마당에서 읽은 글을 다시 한 번 읽어 보면서 독해력과 어휘력을 다지는 시간입니다. 글과 문제를 꼼꼼히 읽고, 알맞은 답을 찾아 보세요.

❀ 다음 글을 읽고, 물음에 답해 보세요.

> 집으로 오는 길에 곰곰이는 여우 아주머니를 보았어요.
> 아주머니는 우는 아기 여우를 안고 급히 걸어가고 계셨어요.
> "아주머니, 안녕하세요?"
> 곰곰이는 여우 아주머니 앞으로 가서 인사를 했어요.
> 하지만 여우 아주머니는 인사를 받는 둥 마는 둥 지나가 버렸어요.

1 곰곰이는 누구에게 인사를 했나요? 알맞은 상대를 찾아 ◯표 해 보세요.

| 엄마 | 선생님 | 아주머니 | 친구 |

2 아기가 어떻게 하고 있나요? 이 글에서 알맞은 말을 찾아 써 보세요.

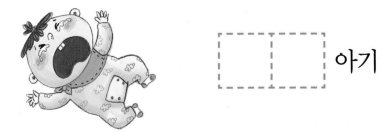

⬚⬚ 아기

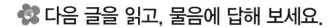

🌸 다음 글을 읽고, 물음에 답해 보세요.

하지만 인사를 하는 건 부끄러운 일이 아니란다.
인사를 나누면 마음이 따뜻해지고 기분이 좋아져.
처음 만난 사이나 어색한 사이도 인사를 나누면서 친해질 수 있지.
또, 인사를 잘하면 예의 바른 사람이라고 칭찬을 받는단다.
이렇게 좋은 인사를 안 하는 게
오히려 부끄러운 일이겠지?
앞으로는 우리 은기가
인사를 잘하리라 믿는다.

③ 인사에 대해 바르게 말한 것을 모두 찾아 빈칸에 ◯표 해 보세요.

인사를 나누면 기분이 좋아져요.

인사를 나누면 친해질 수 있어요.

인사를 나누는 것은 부끄러운 일이에요.

④ '부끄러운'과 바꾸어 쓸 수 있는 말은 무엇인가요? 알맞은 말을 찾아 ◯표
해 보세요.

창피한

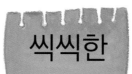
씩씩한

미안한

🌸 다음 글을 읽고, 물음에 답해 보세요.

우리는 날마다 여러 사람에게 인사를 해요.
손을 흔들기도 하고, 고개를 숙이기도 하지요.
설날 같은 명절에는 절을 드리기도 하고요.
그런데 세계에는 우리와 전혀 다른 인사법이 많이 있어요.
말레이 사람들은 모자를 벗고 머리에 손을 얹지요.
티베트 사람들은 혀를 길게 내밀어요
이러한 인사에는 서로를 존경한다는 뜻이 담겨 있어요.

5 우리나라 사람이 인사하는 모습으로 알맞지 **않은** 것을 찾아 ◯표 해 보세요.

6 다음 문장에 어울리는 낱말을 찾아 (　　　) 안에 ◯표 해 보세요.

친구가 (반갑게 / 화나게) 인사를 했어요.

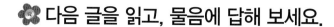 다음 글을 읽고, 물음에 답해 보세요.

강아지는 살랑살랑 꼬리를 흔들며 인사합니다.
그리고 코끼리는 코로 악수를 합니다.
코를 앞으로 쭉 뻗어 서로의 코를 감는 것입니다.
기린은 뺨을 비비면서 혀를 날름거리며 인사를 합니다.
사자는 뺨을 비비면서 고개를 흔듭니다.

7 뺨을 비비면서 인사하는 동물을 모두 찾아 ◯표 해 보세요.

8 다음 낱말들을 모두 포함할 수 있는 말을 보기 에서 찾아 써 보세요.

강아지   코끼리   기린   사자

[   ]

보기   식물   동물   물건

정답게 인사해요

길을 따라가며 알맞은 인사말을 써 보는 놀이예요.

❀ 슬기가 빵집에 가면서 여러 사람을 만났어요. 상대가 누구인지, 어떤 상황인지 잘 살펴보고, 보기 에서 알맞은 인사말을 찾아 써 보세요.

보기

안녕하세요.　　잘 가.　　고맙습니다.

다녀오겠습니다.　　팔은 괜찮니?　　미안해.

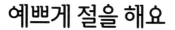

예쁘게 절을 해요

'절'은 우리나라 고유의 인사법이에요. 절을 하는 방법을 알아보아요.

남자

① 배 부분에서 왼손이 위로 가게 두 손을 포개 잡아요. → ② 허리를 굽혀서 포개 잡은 손을 바닥에 대요. → ③ 왼쪽 무릎을 먼저 꿇고, 오른쪽 무릎을 꿇어서 앉아요. → ④ 팔꿈치를 바닥에 붙이고, 이마가 손등에 닿도록 인사를 해요. → ⑤ 머리를 들고, 오른쪽 무릎부터 세우며 천천히 일어나요. → ⑥ 처음과 같은 자세로 서요.

여자

① 두 손을 양 옆으로 자연스럽게 내려요. → ② 천천히 앉으면서 왼쪽 무릎을 먼저 꿇고, 오른쪽 무릎을 나란히 꿇어요. → ③ 손가락을 가지런히 붙여 모아, 손끝을 밖을 향하게 하고 바닥에 대요. → ④ 윗몸을 반쯤 굽혀서 인사를 해요. → ⑤ 머리를 들고, 오른쪽 무릎부터 세우며 천천히 일어나요. → ⑥ 남자와 반대로, 오른손이 위로 가게 두 손을 포개 잡은 자세로 서요.

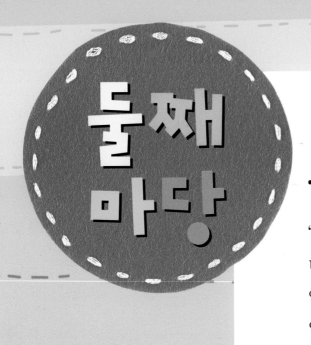

둘째 마당

흥겨운 악기

"둘째 마당에서는 악기에
대한 여러 가지 글을 읽어 볼 거예요.
악기 연주의 즐거움을 알게 된 사자도 만나고,
악기 체험전에 다녀와서 쓴 일기도 함께 읽어요.
또, 직접 악기를 만드는 방법도 알아보고,
세계 최초로 악보를 만든 사람도 만나 보아요.
주어진 글을 모두 읽고 나면 우리에게 즐거움을
주는 악기에 대해 좀 더 잘 알게 될 거예요."

부모님께

둘째 마당에서 다루고 있는 '흥겨운 악기'는 초등
1학년 즐거운 생활 영역의 대주제 중 하나인 '음
악적 요소 이해하기'와 연관되어 있습니다. 이 주
제는 여러 가지 활동을 통하여 리듬, 가락, 셈여
림, 빠르기, 음색 등을 익히는 활동입니다. 교재
학습과 더불어 아이와 함께 집에 있는 악기를 살
펴보고 연주해 보기, 생활 속에서 악기가 될 만한
것을 찾아 연주해 보기 등의 활동을 해 보세요.

마당길잡이

교과영역	바른 생활	슬기로운 생활	✔ 즐거운 생활

순서	글감 제목	글감 내용	이렇게 읽어요
첫째 날	심벌즈를 울려라 (이야기)	'딩동댕' 악단의 모습을 통해 악기를 연주하는 즐거움을 알아보아요.	어떤 일이 일어났는지 잘 살펴보며 읽어요.
둘째 날	악기 체험전을 다녀와서 (일기)	글쓴이가 악기 체험전에서 어떤 체험을 했는지 알아보아요.	글쓴이가 본 것, 한 일, 느낀 점을 구별하며 읽어요.
셋째 날	내 손으로 만든 악기 (설명하는 글)	우리 주변에 있는 재료를 사용하여 쉽게 만들 수 있는 악기를 알아보아요.	순서나 방법에 주의하며 읽어요.
넷째 날	"도레미"를 읽고 (독서 감상문)	세계 최초로 악보를 만든 구이도 다레초에 대해 알아보아요.	책의 내용과 글쓴이의 생각이나 느낌을 구별하며 읽어요.
다섯째 날	다지기 마당	앞에서 공부한 내용을 다시 한 번 확인해 보아요.	
	놀이 마당	다른 그림을 찾는 놀이를 해 보아요.	
	정보 마당	사물놀이에 대해 알아보아요.	

심벌즈를 울려라

어느 날, 나무에 안내문이 붙었어요.

'딩동댕 **악단**에서 함께 악기를 연주할 분을 찾습니다.

관심 있는 분은 옹달샘 뒤편에 있는 딩동댕 악단실로 오세요.'

'와, 악기 연주라고? 그거 정말 재밌겠는데!

나는 튼튼하고 멋있으니까 분명 멋진 악기를 줄 거야.'

사자는 이런 생각을 하며 당장 딩동댕 악단실로 갔어요.

"안녕하세요? 딩동댕 악단에 들어오고 싶어요."

"아, 그러세요? 반가워요."

올빼미 지휘자가 웃는 얼굴로 사자를 맞아 주었어요.

낱말쏙쏙

✿**악단**

음악을 연주할 목적으로 만든 모임을 가리키는 말이에요.

딩동댕 악단

"사자 씨에게는 이 악기가 어울릴 것 같아요."
"에계, 이게 뭐예요? 이것도 악기예요?"
"이건 '심벌즈'라는 악기예요.
서로 마주 쳐서 소리를 내는 거예요.
심벌즈가 중간 중간에 '쾅!' 소리를 내 주면 얼마나 신이 나는데요."

올빼미의 설명을 듣고 사자는 심벌즈를 받았어요.
그리고 올빼미의 지휘에 따라 다른 단원들과 연주를 했어요.
쿵작쿵작 쿵작작, 쾅! 쿵자락작작 쿵작작, 쾅!"
연주는 정말 신이 났어요.
사자는 어느새 어깨까지 들썩거렸답니다.

🌸**쿵작쿵작** 낱말쏙쏙
흥겨운 곡을 여럿이
연주하는 소리나 모양을
나타내는 말이에요.

43

1 나무에는 어떤 내용의 안내문이 붙어 있었나요? 알맞은 것을 찾아 ( ) 안에 ○표 해 보세요.

목이 마르신 분은 당장 옹달샘으로 달려오세요.

(　　　)

딩동댕 악단에서 함께 악기를 연주할 분을 찾습니다.

(　　　)

2 사자는 어떤 생각을 하며 딩동댕 악단실로 갔나요? 알맞은 것을 찾아 색칠해 보세요.

나는 튼튼하고 멋있으니까 지휘를 맡을 거야.

딩동댕 악단에서 나를 받아줄지 걱정이야.

나는 튼튼하고 멋있으니까 멋진 악기를 줄 거야.

3 올빼미 지휘자는 사자에게 어떤 악기를 주었나요? 알맞은 것을 찾아 ◯표 해 보세요.

4 악기를 연주하면서 사자의 마음은 어떠했나요? 바르게 말한 것을 찾아 ◯ 안에 색칠해 보세요.

마음에 들지 않는 악기여서 화가 났어요. ◯

아주 신이 나서 어깨까지 들썩거렸어요. ◯

올빼미의 지휘가 마음에 들지 않았어요. ◯

낱말의 뜻을 생각하면서 문제를 풀어 보세요.

추상적인 말 익히기

1 다음 그림에서 '반가워하는' 모습의 친구를 찾아 (   ) 안에 ◯표 해 보세요.

(   )　　　　(   )　　　　(   )

포함하는 말 익히기

2 다음의 낱말을 모두 포함하는 낱말은 무엇인가요? 가장 알맞은 낱말을 찾아 색칠해 보세요.

피아노　　　　탬버린　　　　심벌즈

실로폰　　　트라이앵글　　　바이올린

악단　　　　악기　　　　연주

문장의 차례 익히기

3 다음 낱말을 어떻게 늘어놓아야 알맞은 문장이 될까요? (   ) 안에 순서대로 번호를 써 보세요.

사자에게	주었어요.	올빼미는	심벌즈를
(2)	( )	( )	( )

사자는	신 나게	연주했어요.	심벌즈를
( )	( )	( )	(2)

감탄사 익히기

4 다음 그림을 보고, **보기** 에서 알맞은 말을 찾아 써 보세요.

⬚⬚, 정말 멋있다!

⬚⬚, 겨우 백 원?

보기   우아   에계   아차

'악기 체험전'을 다녀와서

2000년 00월 00일 0요일 날씨:맑음

엄마랑 이모랑 악기 **체험**전에 갔다.
악기 체험전은 여러 개의 방으로 나누어져 있었다.
첫 번째 방은 '악기 박물관'이었다.
이 방에는 세계 여러 나라의 악기가 모여 있었다.
텔레비전이나 책에서 보았던 악기들도 있고,
처음 보는 신기한 악기들도 있었다.
나는 여러 가지 크기의 못을 매달아
소리를 낼 수 있도록 한 악기가 재미있었다.

두 번째 방은 '소리의 숲'이었다.
이곳에서는 소리 마법사가 이야기를 들려주며
사자 울음소리, 천둥소리 등을 악기로 흉내 내었다.
이밖에 종이로 악기를 만들어 보는 '악기 공작소',
공연을 감상할 수 있는 '공연장'도 있었다.
다 재미있었지만, 마지막 방이 가장 재미있었다.
바로 '악기 체험 놀이터'였다.
나는 이곳에서 피아노, 드럼, 여러 가지 북,
처음 보는 작은 악기 등을 맘껏 연주했다.
오늘은 정말 즐겁고 신 나는 하루였다.

낱말쏙쏙
❀공연
연극, 음악, 무용 같은 것을
구경꾼 앞에서 해 보인다는
뜻이에요.

글의 내용을 생각하면서 문제를 풀어 보세요.

1 '나'는 어디에 다녀온 일을 일기에 썼나요? 바르게 말한 친구를 찾아
( ) 안에 〇표 해 보세요.

악기점에 다녀온
일을 썼어요.

악기 체험전에
다녀온 일을 썼어요.

악기 연주회에
다녀온 일을 썼어요.

( )　　　　( )　　　　( )

2 첫 번째 방에서 '나'는 어떤 악기를 보고 재미있다고 생각했나요? 알맞은
악기를 찾아 〇표 해 보세요.

3 '나'는 어떤 방이 가장 재미있다고 느꼈나요? 알맞은 곳을 찾아 색칠해 보세요.

소리의 숲

악기 공작소

악기 체험 놀이터

공연장

4 '나'는 오늘 하루를 어떻게 보냈나요? 바르게 말한 것을 찾아 ⭕표 해 보세요.

정말 짜증 나는
하루였어.

정말 즐겁고 신 나는
하루였어.

정말 심심하고 지루한
하루였어.

낱말의 뜻을 생각하면서 문제를 풀어 보세요.

정확한 낱말 익히기

1 다음 그림을 나타내는 바른 낱말을 찾아 색칠해 보세요.

| 해님 | 햇님 |

반대되는 말 익히기

2 다음 그림을 보고, 서로 반대의 뜻이 되도록 보기 에서 알맞은 말을 찾아 써 보세요.

흩어지다

보기   놀라다   나누다   모이다

3 다음 문장에 어울리는 낱말을 찾아 ( ) 안에 ○표 해 보세요.

악기 체험 놀이터가 (잘 / 가장) 재미있었어요.

나는 악기를 (맘껏 / 기껏) 연주했어요.

4 다음 그림을 보고, 바르게 표현한 문장을 찾아 ○표 해 보세요.

재미있는 책을 읽어요. ○

재미있는 책을 들어요. ○

재미있는 이야기를 읽어요. ○

재미있는 이야기를 들어요. ○

내 손으로 만든 악기

악기란 음악을 연주할 때 쓰는 기구를 말해요.
아주 오랜 옛날에는 돌이나 동물 뼈 등을 가지고 음악을 연주했어요.
서로 부딪치거나 비비거나 두드려서 소리를 낸 것이지요.
우리도 주변에 있는 것들을 이용해 악기를 만들 수 있어요.

〈작은 장구 만들기〉

❶ 다 먹은 **일회용** 라면 그릇 두 개를 깨끗이 씻어서 말려요.
❷ 본드나 테이프, 바늘과 실 등을 이용하여 그릇 두 개를 연결해요.
❸ 각각 입구 부분에 두꺼운 종이를 붙이고, 전체를 에쁘게 꾸며요.
❹ 나무젓가락이나 실로폰 채 등으로 쳐서 연주를 해요.

낱말쏙쏙
🌸 일회용
한 번 쓰고 버리는 물건을
가리키는 말이에요.

54

〈**마라카스** 만들기〉

❶ 요구르트 병 두 개를 깨끗이 씻어서 말려요.

❷ 하나의 요구르트 병 안에 쌀이나 콩, 장난감 총알 등을 넣어요.

❸ 테이프를 이용하여 빈 요구르트 병을 연결해요.

❹ 전체를 예쁘게 꾸며요.

❺ 가운데 부분을 잡고 흔들어서 연주를 해요.

이 글에서 소개한 방법 말고도

여러 가지 방법으로 악기를 만들 수 있어요.

소리를 내는 것은 모두 악기라고 할 수 있거든요.

내 손으로 만든 악기로 연주를 한다면 더욱 즐겁겠지요?

🌸**마라카스** 낱말쏙쏙

흔들어서 소리를 내는
악기예요.

글의 내용을 생각하면서 문제를 풀어 보세요.

1 돌이나 동물 뼈로 어떻게 음악을 연주했다고 하였나요? 바르게 말한 친구를 모두 찾아 (   ) 안에 ◯표 해 보세요.

서로 부딪쳐서
소리를 내었어요.

멀리 던져서
소리를 내었어요.

서로 비벼서
소리를 내었어요.

(   )   (   )   (   )

2 '작은 장구'를 만들 때 필요한 준비물은 무엇인가요? 알맞은 것을 모두 찾아 ◯표 해 보세요.

3 다음은 이 글에서 설명한 마라카스를 만드는 방법이에요. 차례에 맞게
☐ 안에 번호를 써 보세요.

4 이 글을 읽고 알게 된 사실은 무엇인가요? 바르게 말한 것을 찾아 ◯ 안에
색칠해 보세요.

주변에 있는 것을
이용해 쉽게
악기를 만들 수
있어요.

악기는 아주
복잡한 것이에요.

오랜 옛날에는
악기가 없었어요.

낱말의 뜻을 생각하면서 문제를 풀어 보세요.

사물의 이름 익히기

1 다음 악기의 이름은 무엇인가요? 알맞은 이름을 찾아 색칠해 보세요.

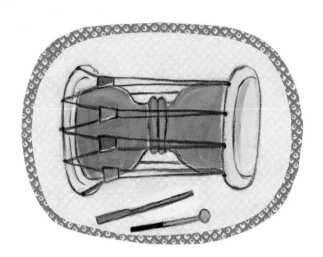

장기 | 장구

움직임을 나타내는 말 익히기

2 다음 그림을 보고, 알맞은 말을 찾아 바르게 연결해 보세요.

 ·

· 씻다.

 ·

· 흔들다.

 ·

· 부딪치다.

이어 주는 말 익히기

3 다음 두 문장을 어떤 말로 이어 주어야 할까요? 알맞은 말을 골라 색칠해 보세요.

전체를 예쁘게 꾸며요.

| 그런데 | 그리고 |

나무젓가락이나 채로 쳐서 연주해요.

서술어를 넣어 문장 완성하기

4 다음 그림을 보고, 보기 에서 알맞은 말을 찾아 써 보세요.

북을 신나게 [   ].

스티커를 예쁘게 [   ].

보기   비벼요   붙여요   두드려요

"도레미"를 읽고

제목이 "도레미"인 그림책을 읽었습니다.
이 책은 최초로 **악보**를 만든
구이도 다레초에 대한 이야기입니다.

낱말쏙쏙

🌸 **악보**

사람이 부르거나 악기로
연주하는 곡을 일정한 기호를
써서 나타낸 것이에요.

천 년 전에 이탈리아의 작은 도시 아레초에
'구이도'라는 아이가 살았습니다.
그때에는 악보가 없었습니다.
그래서 사람들은 모든 노래를 외워서 불러야 했습니다.
구이도는 노랫소리를 적고 싶다고 생각했습니다.
그리고 어른이 된 뒤에도 그 꿈을 버리지 않았습니다.

하지만 사람들은 구이도의 생각을 받아들이지 않았습니다.

구이도는 폼포사에 있는 **수도원**으로 갔습니다.

그곳에서 음악을 적을 수 있는 방법을 연구했습니다.

구이도는 포기하지 않고 열심히 노력해서

마침내 악보를 만들었습니다.

구이도는 고향으로 돌아와 사람들에게 악보 읽는 법을 가르쳤습니다.

그리고 이 사실이 알려지면서 악보가 널리 퍼지게 되었습니다.

이 책을 읽고, 구이도가 참 고마웠습니다.

구이도가 악보를 만들어 준 덕분에

맘껏 노래를 부르고, 피아노도 칠 수 있게 된 것이니까요.

낱말쏙쏙
🌸 **수도원**
남자 수사나 여자 수녀가
모여서 생활하는 곳이에요.

61

글의 내용을 생각하면서 문제를 풀어 보세요.

1 구이도가 해 낸 일은 무엇인가요? 바르게 말한 친구를 찾아 (   ) 안에
○표 해 보세요.

처음으로 악보를
만들었어요.

처음으로 악기를
만들었어요.

처음으로 노래를
만들었어요.

(   )   (   )   (   )

2 처음에 사람들은 구이도가 하는 일에 대해 어떻게 생각했나요? 알맞은 것
을 찾아 ○ 안에 색칠해 보세요.

"쓸데없는 짓을 하는군."   "정말 훌륭한 일을 하는군."

3 일이 일어난 차례에 맞게 ⬚ 안에 번호를 써 보세요.

4 '나'는 책을 읽고, 어떤 마음을 가졌나요? 바르게 말한 것을 찾아 ⭕표 해 보세요.

구이도를 직접 만나보고 싶어.

악보를 만들어 준 구이도가 참 고마워.

구이도 때문에 어려운 악보를 공부해야 하잖아?

낱말의 뜻을 생각하면서 문제를 풀어 보세요.

1 다음 중 '포기하다'라는 말과 어울리는 상황은 무엇인가요? 알맞은 말을 찾아 ◯표 해 보세요.

악보 만드는 일을 그만 두어야겠어.

꼭 악보를 만들어 낼 테야.

2 ⬚ 안에 공통으로 들어갈 말을 보기 에서 찾아 써 보세요.

피아노를 ⬚⬚ .   배드민턴을 ⬚⬚ .

보기   차다   치다   추다

원인과 결과 익히기

3 이어 주는 말 뒤에 올 문장으로 알맞은 것을 찾아 ( ) 안에 ○표 해 보세요.

> 그때에는 악보가 없었어요.

> 그래서

> 사람들은 쉽게 노래를 불렀어요. ( )

> 사람들은 모든 노래를 외워서 불렀어요. ( )

문장의 순서 익히기

4 가장 자연스러운 문장이 되도록 ( ) 안에 순서를 써 보세요.

그림책을 ( )
사 주셨습니다. ( )
엄마가 ( )

그림책을 ( )
나는 ( )
읽었습니다. ( )

다지기 마당

'다지기 마당'은 이번 마당에서 읽은 글을 다시 한 번 읽어 보면서 독해력과 어휘력을 다지는 시간입니다. 글과 문제를 꼼꼼히 읽고, 알맞은 답을 찾아 보세요.

❀ 다음 글을 읽고, 물음에 답해 보세요.

"사자 씨에게는 이 악기가 어울릴 것 같아요."

"에계, 이게 뭐예요? 이것도 악기예요?"

"이건 '심벌즈'라는 악기예요.

서로 마주 쳐서 소리를 내는 거예요.

심벌즈가 중간중간에 '쾅!' 소리를 내 주면 얼마나 신이 나는데요."

올빼미의 설명을 듣고 사자는 심벌즈를 받았어요.

그리고 올빼미의 지휘에 따라 다른 단원들과 연주를 했어요.

"쿵작쿵작 쿵작작, 쾅! 쿵자락작작 쿵작작, 쾅!"

1 밑줄 친 '이것'은 무엇인가요? 알맞은 악기를 찾아 ○표 해 보세요.

2 흥겨운 음악을 연주하는 소리를 흉내 내는 말은 무엇인가요? 알맞은 것을 찾아 색칠해 보세요.

들썩들썩   쿵작쿵작   중간중간

66

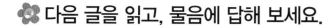

✿ 다음 글을 읽고, 물음에 답해 보세요.

엄마랑 이모랑 악기 체험전에 갔다.

악기 체험전은 여러 개의 방으로 나누어져 있었다.

첫 번째 방은 '악기 박물관'이었다.

이 방에는 세계 여러 나라의 악기가 모여 있었다.

텔레비전이나 책에서 보았던 악기들도 있고,

처음 보는 신기한 악기들도 있었다.

나는 여러 가지 크기의 못을 매달아

소리를 낼 수 있도록 한 악기가 재미있었다.

3 첫 번째 방에서 '내'가 본 것은 무엇인가요? 알맞은 것을 찾아 ◯표 해 보세요.

| 텔레비전 | 여러가지 책 | 여러가지 악기 |

4 다음 그림에 어울리는 말은 무엇인가요? 알맞은 말을 찾아 (   ) 안에
◯표 해 보세요.

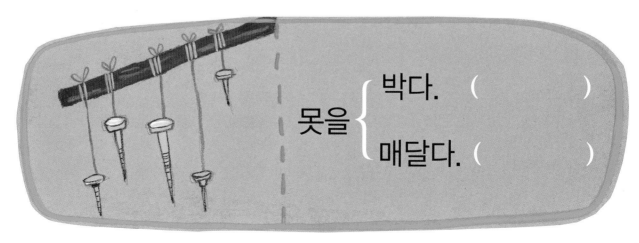

못을 { 박다. (   )

매달다. (   )

🌸 다음 글을 읽고, 물음에 답해 보세요.

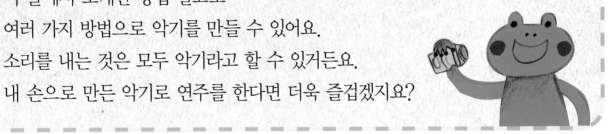

〈마라카스 만들기〉

① 요구르트 병 두 개를 깨끗이 씻어서 말려요.

② 하나의 요구르트 병 안에 쌀이나 콩, 장난감 총알 등을 넣어요.

③ 테이프를 이용하여 빈 요구르트 병을 연결해요.

④ 전체를 예쁘게 꾸며요.

⑤ 가운데 부분을 잡고 흔들어서 연주를 해요.

이 글에서 소개한 방법 말고도
여러 가지 방법으로 악기를 만들 수 있어요.
소리를 내는 것은 모두 악기라고 할 수 있거든요.
내 손으로 만든 악기로 연주를 한다면 더욱 즐겁겠지요?

5 '마라카스'를 연주하는 방법으로 알맞은 것을 찾아 ⭕표 해 보세요.

6 다음 문장에서 '손' 뒤에 어떤 말이 붙어야 할까요? 알맞은 말을 찾아 색칠해 보세요.

내 손 | 에서 | 으로 | 만든 악기여서 더 좋아요.

🌸 다음 글을 읽고, 물음에 답해 보세요.

제목이 "도레미"인 그림책을 읽었습니다.
이 책은 최초로 악보를 만든 구이도 다레초에 대한 이야기입니다.
천 년 전에 이탈리아의 작은 도시 아레초에
'구이도'라는 아이가 살았습니다.
그때에는 악보가 없었습니다.
그래서 사람들은 모든 노래를 외워서 불러야 했습니다.
구이도는 노랫소리를 적고 싶다고 생각했습니다.
그리고 어른이 된 뒤에도 그 꿈을 버리지 않았습니다.

7 이 글의 내용으로 알맞은 것을 모두 찾아 빈칸에 ◯표 해 보세요.

'나'는 "도레미"라는 책을 읽었어요. ⬭

'구이도'는 일본 사람이에요. ⬭

'구이도'는 최초로 악보를 만들었어요. ⬭

8 다음 두 낱말이 합쳐지면, 어떤 말이 될까요? 알맞은 낱말을 써 보세요.

그림 + 책 = ⬚⬚⬚

앗, 이상한데?
여러 가지 악기의 모습에서 다른 부분을 찾는 놀이예요.

❀ 악기점에 악기가 많이 있네요. 두 그림을 잘 보고, 아래 그림에서 위의 그림과
다른 곳을 다섯 군데 찾아 ◯표 해 보세요.

흥겨운 사물놀이

사물놀이는 네 가지의 우리나라 전통 악기를 가지고 연주하는 새로운 국악입니다. 사물놀이가 어떤 국악인지 한번 알아볼까요?

풍물놀이를 하는 모습

'사물'은 원래 풍물놀이라고 하는 전통 국악에서 사용되는 네 가지 악기를 말해요. 사물놀이는 이 사물, 즉 네 가지 악기를 가지고 연주하는 놀이예요.

북
장구
징
팽과리

왼쪽의 사진은 사물놀이를 할 때 쓰이는 네 가지의 전통 악기입니다. 네 가지 악기는 모두 두드려서 소리를 내는데 왼쪽부터 북, 장구, 팽과리, 징이라고 불러요. 북과 장구는 가죽으로 만들고, 팽과리는 징은 쇠로 만든 악기예요.

네 가지 악기는 각각 특별한 의미를 담고 있어요.
팽과리는 천둥, 징은 바람, 북은 구름, 장구는 비를 의미한데요. 실제 팽과리 소리를 들으면 귀가 멍해질 정도로 소리가 크고 높다는 걸 알 수 있어요. 그래서 사물놀이를 할 때 팽과리가 지휘자가 되어 전체 연주를 이끈답니다.

와글와글 시장

"셋째 마당에서는 시장에 대한 여러 가지 글을 읽어 볼 거예요.

먼저 숲 속 마을에 시장이 생기게 된 까닭과 우유가 어떤 과정을 거쳐 우리 손에 들어오게 되는지 살펴보아요.

또, 재래시장에 처음 가 본 친구와 엄마 생신 선물을 사러 혼자 시장에 다녀온 친구도 만나 보아요.

주어진 글을 모두 읽고 나면 시장이 좀 더 가깝게 느껴질 거예요."

부모님께

셋째 마당에서 다루고 있는 '와글와글 시장'은 초등 2학년 슬기로운 생활 영역의 대주제 중 하나인 '가게 놀이 하기'와 연관되어 있습니다. 이는 우리 주위에 다양한 물건과 가게가 있음을 알고, 그것의 필요성과 소중함을 생각해 볼 수 있는 활동입니다. 교재 학습과 더불어 아이와 함께 시장 놀이나 가게 놀이를 해 보세요. 또, 아이가 시장이나 가게에서 직접 물건을 사 보는 경험을 많이 갖게 해 주세요.

마 당 길 잡 이

교과영역	바른 생활	✔ 슬기로운 생활	즐거운 생활

순서	글감 제목	글감 내용	이렇게 읽어요
첫째 날	숲 속 마을 작은 시장 (이야기)	숲 속 동물들의 마을에 시장이 어떻게 생기게 되었는지 알아보아요.	일이 일어난 까닭과 일의 결과를 생각하며 읽어요.
둘째 날	우리가 우유를 마시기까지 (설명하는 글)	우유가 우리 손에 들어오기까지 어떤 과정을 거치는지 알아보아요.	순서와 과정을 생각하며 읽어요.
셋째 날	재래시장 나들이 (일기)	사라져 가는 우리의 재래시장에 대해 알아보아요.	글쓴이가 겪은 일과 느낀 점이 무엇인지 생각하며 읽어요.
넷째 날	선물을 사러 가요 (생활문)	엄마 선물을 사러 시장에 간 아이의 이야기를 통해 시장의 가게들에 대해 알아보아요.	글쓴이가 간 곳에 주의하며 읽어요.
다섯째 날	다지기 마당	앞에서 공부한 내용을 다시 한 번 확인해 보아요.	
	놀이 마당	여러 가게에서 파는 물건들을 알고, 가게의 특징을 생각해 가게 이름 짓기 놀이를 해 보아요.	
	정보 마당	다른 나라의 재미있는 시장을 알아보아요.	

🌸 창고

낱말쏙쏙

물건을 모아 두는 곳을 말해요.

숲 속 마을 작은 시장

숲 속 마을 토끼에게 걱정거리가 하나 생겼어요.

"휴, 이 많은 당근을 어쩌지?

이대로 계속 두었다가는 썩어 버리고 말 텐데……."

토끼는 **창고** 안에 가득 쌓인 당근을 보며 한숨을 지었어요.

나무 아래에서 쉬고 있던 곰이

그 모습을 보고 다가와 말했어요.

"좋은 생각이 있어. 당근을 내다 팔아 보자.

분명 당근이 필요한 동물들이 많이 있을 거야.

참, 우리 집엔 벌꿀이 넘쳐 나거든. 그것도 함께 팔자."

다음 날, 토끼와 곰은 옹달샘 근처에 자리를 펼쳤어요.

"당근 사세요. 싱싱한 당근이에요."

"달콤한 벌꿀도 사세요."

지나가던 동물들이 그 소리를 듣고 하나 둘 모여들었어요.

"마침 당근을 어디서 구할까 했는데 잘 됐네!"

"와, **귀한** 벌꿀이잖아. 어서 사자."

"이거 좋은 생각인데! 나도 집에 있는 물건들을 팔아 봐야겠어."

당근과 벌꿀은 눈 깜짝할 사이에 다 팔렸어요.

그 뒤, 옹달샘 근처는 여러 가지 물건을 사고파는

작은 시장이 되었어요.

낱말쏙쏙

✿**귀한**
(귀하다)
구하기가 아주 힘들 만큼
드물다는 뜻이에요.

75

글의 내용을 생각하면서 문제를 풀어 보세요.

1 토끼의 걱정거리는 무엇이었나요? 알맞은 것을 찾아 ◯표 해 보세요.

 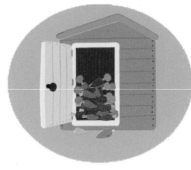 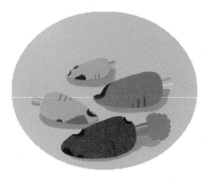

| 당근을 모아 둘 창고가 없는 것 | 창고 안에 당근이 가득 쌓여 있는 것 | 당근이 모두 썩어 버린 것 |

2 곰은 토끼에게 창고에 쌓인 당근을 어떻게 하자고 했나요? 알맞은 말을 찾아 ◯표 해 보세요.

당근을 내다 팔아 보자.

당근을 벌꿀하고 바꾸자.

당근을 친구들에게 나눠 주자.

3 토끼와 곰이 당근과 벌꿀을 팔자, 다른 동물들은 어떻게 하였나요? 알맞은 모습을 찾아 ⃝표 해 보세요.

전혀 관심을 보이지 않고 지나갔어요.

관심을 보이며 모여들었어요.

함께 당근과 벌꿀을 팔아 주었어요.

4 토끼와 곰이 당근과 벌꿀을 팔고 간 뒤, 옹달샘 근처에 어떤 변화가 일어났나요? 바르게 말한 것을 찾아 색칠해 보세요.

넓은 당근밭이 생겼어요.

옹달샘 근처가 지저분해졌어요.

작은 시장이 생겼어요.

낱말의 뜻을 생각하면서 문제를 풀어 보세요.

위치를 나타내는 말 익히기

1 곰은 어디에 있나요? 알맞은 말을 찾아 색칠해 보세요.

나무
| 위 |
| 아래 |

창고
| 안 |
| 밖 |

조사 익히기

2 ☐ 안에 알맞은 말을 보기 에서 찾아 써 보세요.

당근 ☐ 벌꿀   토끼 ☐ 곰

보기   과   의   와

문장에 어울리는 낱말 익히기

3 다음 문장에 어울리는 낱말을 찾아 ( ) 안에 ◯표 해 보세요.

> 당근이 창고 안에 (훨씬 / 가득) 쌓여 있어요.

> 곰이 토끼의 이야기를 (조용히 / 깨끗이) 들어요.

권유하는 문장 만들기

4 보기 와 같이 문장을 바꾸어 써 보세요.

보기

당근을 먹다.

➡ 당근을 먹 자 .

당근을 팔다.

➡ 당근을 [ ][ ] .

벌꿀을 사다.

➡ 벌꿀을 [ ][ ] .

우리가 우유를 마시기까지

시원한 우유를 컵에 따라
꿀꺽꿀꺽 마시면 정말 고소해요.
그런데 우유는 어디서 오는 걸까요?
우유는 젖소가 만들어요.
젖소가 새끼를 낳으면 젖소 몸에서 젖이 나오지요.
젖소의 젖이 탱탱하게 부풀면,
젖꼭지에 기계를 끼워 젖을 짜내요.

짜낸 젖은 바로 차가운 **저장** 탱크로 옮겨요.
그래야 나쁜 균이 자라는 걸 막을 수 있거든요.
이제 냉장차가 와서 젖을 싣고 우유 공장으로 쌩쌩 달려가요.

낱말쏙쏙
❀ **저장**
물건을 모아둔다는
뜻이에요.

80

젖이 공장에 도착하면 꼼꼼히 검사를 해요.
얼마나 **신선하고** 안전한지 살펴보는 것이지요.
검사가 끝나면, 여러 기계로 젖 속의 지방을
잘게 쪼개고 나쁜 균을 없애는 일 등을 해요.
그래야 맛 좋고 안전한 우유가 만들어지니까요.
마지막으로 우유를 병이나 종이 팩에 담고
유통 기한을 찍으면 팔 준비가 끝나요.
이제 우유는 냉장차에 실려 큰 슈퍼마켓이나 작은 가게로 가요.
이렇게 만들어진 우유를 우리가 사 먹는 것이랍니다.

낱말쏙쏙

❋신선하고
(신선하다)
깨끗하고 싱싱하다는
뜻이에요.

글의 내용을 생각하면서 문제를 풀어 보세요.

1 우리가 마시는 우유는 어떤 동물의 젖으로 만드나요? 알맞은 동물을 찾아 ○표 해 보세요.

2 우유 공장에서 하는 일을 모두 찾아 ○표 해 보세요.

기계로 젖소의 젖을 짜요.

젖소의 젖이 신선한지 검사를 해요.

젖소의 젖에 들어 있는 나쁜 균을 없애요.

3 다음은 우리가 우유를 마시게 되기까지의 과정을 나타낸 그림이에요. 차례에 맞게 ⬚ 안에 번호를 써 보세요.

4 이 글을 읽고, 알 수 있는 것은 무엇인가요? 바르게 말한 것을 찾아 ◯ 안에 색칠해 보세요.

우유는 우리 몸에 좋은 음식이에요.　◯

우유로 여러 가지 음식을 만들 수 있어요.　◯

우유는 여러 과정을 거쳐서 우리에게 와요.　◯

낱말의 뜻을 생각하면서 문제를 풀어 보세요.

흉내 내는 말 익히기

1 다음 그림을 보고, 알맞은 말을 찾아 ◯표 해 보세요.

쿨쿨   쌩쌩

꿀꺽꿀꺽   퐁당퐁당

움직임을 나타내는 말 익히기

2 다음 그림을 보고, 알맞은 말을 찾아 바르게 연결해 보세요.

실다

따르다

짜다

3 보기 와 같이 다음 문장을 바꾸어 써 보세요.

보기

빵이 맛있다. ➡ 맛있는 빵

우유가 고소하다. ➡ [　　　] 우유

우유가 신선하다. ➡ [　　　] 우유

4 다음 그림에 어울리는 문장이 되도록 보기 에서 알맞은 말을 찾아 써 보세요.

젖소가 [　　　] [　　　].

언니가 [　　　] [　　　].

보기　　새끼를　　우유를　　샀어요　　낳았어요

재래시장 나들이

2○○○년 ○○월 ○○일 ○요일 날씨: 맑음

낱말쏙쏙

🌸 **재래시장**
옛날부터 있어 온 시장을 말해요.

아빠, 엄마와 **재래시장**에 다녀왔다.
우리 동네 마트는 매일 아침 일찍부터 밤늦게까지 문을 여는데,
다녀온 시장은 5일에 한 번씩 열린다고 했다.
시장에는 산에서 직접 캔 산나물, 밭에서 직접 기른 무와 배추,
그리고 싱싱한 생선 등 여러 가지 물건이 많았다.
엄마는 배추 세 포기와 내가 좋아하는 오징어를 네 마리나 사셨다.

여기저기를 구경하고 다녔더니 다리가 아프고 배도 고팠다.
우리는 식당에 들어가 칼국수를 사 먹었다.
식당 아줌마께서는 내가 귀엽다며 감자 부침개를 공짜로 주셨다.
아빠는 **정**이 넘치는 시장이라며 활짝 웃으셨다.
그리고 재래시장이 점점 사라져 가는 것이 아쉽다고 말씀하셨다.
내가 좋아하는 장난감 구경은 못했지만,
재래시장 구경은 정말 재미있었다.
우리 동네에도 재래시장이 있으면 좋겠다.

낱말쏙쏙
❀정
따뜻한 마음을 말해요.

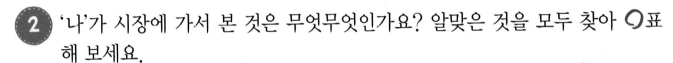

글의 내용을 생각하면서 문제를 풀어 보세요.

1 '나'가 오늘 간 시장은 어떤 곳인가요? 바르게 말한 것을 찾아 ◯ 안에 색 칠해 보세요.

> 매일 아침 일찍부터 밤늦게까지 문을 열어요. ◯
>
> 배추나 무 같은 채소만 팔아요. ◯
>
> 닷새에 한 번씩 열려요. ◯

2 '나'가 시장에 가서 본 것은 무엇무엇인가요? 알맞은 것을 모두 찾아 ◯표 해 보세요.

산나물   무

생선   장난감

3 '나'의 가족이 시장에서 한 일이 **아닌** 것을 찾아 ◯표 해 보세요.

배추를 샀어요.

오징어를 샀어요.

칼국수를 사 먹었어요.

감자 부침개를 만들었어요.

4 '나'는 시장에 다녀온 뒤 어떤 생각을 했나요? 알맞은 것을 찾아 ◯표 해 보세요.

우리 동네에도 재래시장이 있으면 좋겠다.

엄마가 오징어를 네 마리나 사셨다.

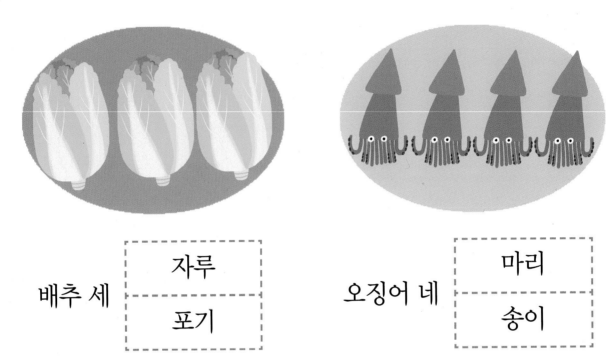

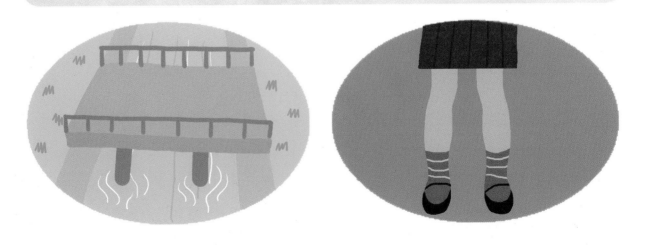

낱말의 뜻을 생각하면서 문제를 풀어 보세요.

세는 말 익히기

1 배추와 오징어를 셀 때 쓰는 말을 찾아 색칠해 보세요.

배추 세 ┆ 자루 ┆
┆ 포기 ┆

오징어 네 ┆ 마리 ┆
┆ 송이 ┆

같은 낱말의 여러 가지 뜻 익히기

2 밑줄 친 '다리'가 가리키는 것은 무엇인가요? 알맞은 것을 찾아 ○표 해 보세요.

여기저기를 구경하고 다녔더니 **다리**가 아팠다.

3 다음 그림을 바르게 나타낸 문장을 찾아 ○표 해 보세요.

생선을 구워요.

배추를 팔아요.

생선을 팔아요.

부침개를 먹어요.

김밥을 먹어요.

부침개를 부쳐요.

4 다음 그림에 어울리는 문장이 되도록 ⬚ 안에 알맞은 말을 보기 에서 찾아 써 보세요.

⬚ 나물을 캐요.

⬚ 무를 사요.

보기   바다에서   산에서   시장에서

넷째날
글을 읽어요

선물을 사러 가요

내일은 엄마의 생신이에요.

'무엇을 사지? 무슨 선물을 드리면 엄마가 좋아하실까?

옳지, 예쁜 꽃이 좋겠다. 엄마는 꽃을 좋아하시니까.'

나는 엄마의 선물을 사려고 시장으로 갔어요.

먼저 나는 시장 안에 있는 슈퍼마켓으로 들어갔어요.

맛있는 과자, 싱싱한 생선, 갖가지 물건이 **진열**되어 있었어요.

하지만 꽃은 보이지 않았어요.

"아줌마, 꽃은 어디 있어요? 예쁜 꽃이 피어 있는 화분요."

"우리 슈퍼마켓에서 꽃은 안 파는데……."

낱말쏙쏙

❀**진열**

사람들에게 보여 주려고
물건을 죽 벌여 놓은 것을
말해요.

수퍼마켓을 나와 조금 걸어가니, 채소들이 보였어요.
"아저씨, 꽃도 팔지요? 예쁜 꽃이 피어 있는 화분요."
"꽃? 여기는 배추, 무, 오이 같은 채소만 파는 가게란다."
나는 다시 여기저기를 둘러보며 걸었어요.
나는 **제과점**에서 노릇노릇 구워진 빵들도 구경했어요.
그때, 예쁜 꽃들이 진열된 가게가 눈에 들어왔어요.
나는 예쁜 꽃이 피어 있는 조그마한 화분을 샀어요.
'시장에는 여러 물건을 파는 가게가 정말 많구나.
그래도 엄마 선물을 사서 참 다행이야.'
나는 선물을 받고 기뻐하실 엄마의 모습을 떠올리니
기분이 좋았어요.

🌸**제과점** 낱말쏙쏙
과자나 빵을 만들어 파는
가게예요.

93

글의 내용을 생각하면서 문제를 풀어 보세요.

1 '나'는 엄마의 생신 선물을 사기 위해 어디에 갔나요? 알맞은 곳을 찾아 ◯ 표 해 보세요.

공원   유치원   시장

2 '나'는 엄마의 생신 선물로 무엇을 사기로 했나요? 알맞은 것을 찾아 ◯ 표 해 보세요.

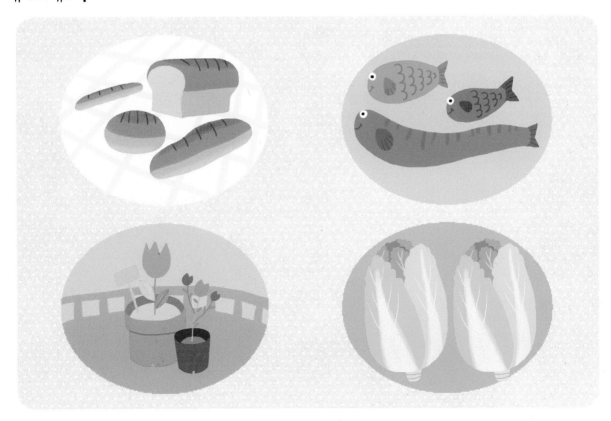

3 '나'가 간 곳을 생각해 보고, 차례대로 ☐ 안에 번호를 써 보세요.

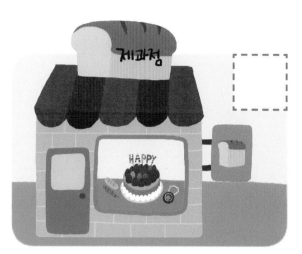

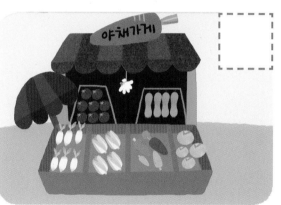

4 '나'는 엄마의 생신 선물을 산 뒤 어떤 생각을 했나요? 알맞은 것을 모두 찾아 ○표 해 보세요.

엄마 선물을 사서 참 다행이야.

마음에 드는 선물을 사지 못해서 너무 아쉬워.

시장에는 여러 물건을 파는 가게가 정말 많구나.

낱말의 뜻을 생각하면서 문제를 풀어 보세요.

반대되는 말 익히기

1 ⬚ 안에 들어갈 반대의 뜻을 가진 말을 보기 에서 찾아 써 보세요.

사다 　⬚

⬚ 　주다

보기 　　받다　　　팔다　　　타다

포함되는 말 익히기

2 다음 낱말 중에서 나머지 셋을 포함하는 낱말은 무엇인가요? 알맞은 것을 찾아 ○표 해 보세요.

배추　　　　　　　오이

채소　　　　　　　무

높임말 익히기

3 바른 문장이 되도록 알맞은 낱말을 찾아 색칠해 보세요.

내일은 엄마
| 생일 |
| 생신 |
이에요.   엄마에게 선물을
| 드려요. |
| 주어요. |

문장의 차례 익히기

4 빈칸에 (   ) 안의 낱말들을 넣어 문장을 완성해 보세요.

나는 슈퍼마켓에서

[   ] [   ] 보았어요.

(생선을 / 싱싱한)

나는 꽃 가게에서

[   ] [   ] 샀어요.

(꽃을 / 예쁜)

'다지기 마당'은 이번 마당에서 읽은 글을 다시 한 번 읽어 보면서 독해력과 어휘력을 다지는 시간입니다. 글과 문제를 꼼꼼히 읽고, 알맞은 답을 찾아보세요.

🌸 다음 글을 읽고, 물음에 답해 보세요.

> 토끼는 창고 안에 가득 쌓인 당근을 보며 한숨을 지었어요.
> 나무 아래에 앉아 쉬고 있던 곰이
> 그 모습을 보고 다가와 말했어요.
> "좋은 생각이 있어. 당근을 내다 팔아 보자.
> 분명 당근이 필요한 동물들이 많이 있을 거야.
> 참, 우리 집엔 벌꿀이 넘쳐 나거든. 그것도 함께 팔자."

1 곰이 말한 '좋은 생각'이란 무엇인가요? ⬚ 안에 알맞은 말을 써 보세요.

⬚ 을 내다 파는 것

2 다음 밑줄 친 말과 바꾸어 쓸 수 있는 말을 찾아 ◯표 해 보세요.

토끼는 창고 안에 **가득** 쌓인 당근을 보며 한숨을 지었어요.

조금   잔뜩   벌써

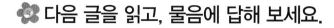 다음 글을 읽고, 물음에 답해 보세요.

우유는 젖소가 만들어요.

젖소가 새끼를 낳으면 젖소 몸에서 젖이 나오지요.

젖소의 젖이 탱탱하게 부풀면, 젖꼭지에 기계를 끼워 젖을 짜내요.

짜낸 젖은 바로 차가운 저장 탱크로 옮겨요.

그래야 나쁜 균이 자라는 걸 막을 수 있거든요.

이제 냉장차가 와서 젖을 싣고 우유 공장으로 쌩쌩 달려가요.

젖이 공장에 도착하면 꼼꼼히 검사를 해요.

얼마나 신선하고 안전한지 살펴보는 것이지요.

검사가 끝나면, 여러 기계로 젖 속의 지방을 잘게 쪼개고

나쁜 균을 없애는 일 등을 해요.

그래야 맛 좋고 안전한 우유가 만들어지니까요.

3 이 글은 무엇에 대해 쓴 글인가요? 알맞은 것을 찾아 ○표 해 보세요.

| 공장 | 기계 | 우유 |

4 문장의 순서가 바르도록 ( ) 안에 차례대로 번호를 써 보세요.

젖을 ( )

젖소의 ( )

짜내요. ( )

❀ 다음 글을 읽고, 물음에 답해 보세요.

우리는 식당에 들어가 칼국수를 사 먹었다.
식당 아줌마께서는 내가 귀엽다며 감자 부침개를 공짜로 주셨다.
아빠는 정이 넘치는 시장이라며 활짝 웃으셨다.
그리고 재래시장이 점점 사라져 가는 것이
아쉽다고 말씀하셨다.
내가 좋아하는 장난감 구경은 못했지만,
재래시장 구경은 정말 재미있었다.
우리 동네에도 재래시장이 있으면 좋겠다.

5 아빠는 무엇을 아쉬워하셨나요? 바르게 말한 것을 찾아 ◯표 해 보세요.

물건을 많이 사지 못한 것	재래시장이 사라져 가는 것	장난감 구경을 하지 못한 것

6 다음 문장에 어울리는 낱말을 찾아 색칠해 보세요.

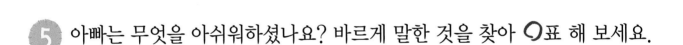

우리는 식당 [에게 / 에] 들어가 칼국수 [를 / 을] 사 먹었어요.

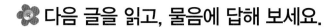

❀ 다음 글을 읽고, 물음에 답해 보세요.

> 내일은 엄마의 생신이에요.
> '무엇을 사지? 무슨 선물을 드리면 엄마가 좋아하실까?
> 옳지, 예쁜 꽃이 좋겠다. 엄마는 꽃을 좋아하시니까.'
> 나는 엄마의 선물을 사려고 시장으로 갔어요.
> 먼저 나는 시장 안에 있는 슈퍼마켓으로 들어갔어요.
> 맛있는 과자, 싱싱한 생선, 갖가지 물건이 진열되어 있었어요.

7 '나'가 시장에 간 까닭은 무엇인가요? 바르게 말한 것을 찾아 ◯표 해 보세요.

엄마 생신 선물을 사려고	맛있는 과자를 사 먹으려고	여러 가지 물건을 구경하려고

8 서로 반대되는 뜻을 가진 문장이 되도록 보기 에서 찾아 써 보세요.

• 꽃을 싫어해요.

• 꽃을 [　　　　].

보기 슬퍼해요   좋아해요   무서워해요

우리 동네 시장
각 가게에서 파는 물건을 색칠해 보고, 가게의 이름을 지어 보는 놀이예요.

❀ 시장에는 갖가지 물건을 파는 가게가 많이 있어요. 각각의 가게에서 파는 물건을 색칠해 보고, 각 가게의 이름을 멋지게 지어 보세요.

세계 속 재미있는 시장

다른 나라의 시장은 어떤 모습일까요? 특색 있는 시장들을 함께 구경해 보아요.

타이의 수도 방콕에는 유명한 수상 시장이 있어요. 수상 시장이란 물 위에서 열리는 시장을 말하지요. 방콕에는 물길이 있어서 새벽이 되면 과일, 채소, 생활용품 등을 실은 작은 배들이 그곳에 모여들어 물건을 판답니다.

네덜란드의 알크마르에는 큰 치즈 시장이 있어요. 4월부터 9월까지 매주 금요일 오전 열 시에 열리는 시장이지요. 이곳에 가면 갖가지 종류의 치즈를 볼 수 있어요. 근처에는 치즈의 역사, 치즈가 만들어지는 과정 등을 볼 수 있는 치즈 박물관도 있답니다.

이집트의 비르카쉬에는 낙타 시장이 있어요. 이집트에서 가장 크게 열리는 낙타 시장이지요. 이 시장에서는 하루에 300마리 정도의 낙타가 팔린다고 해요. 이곳에서 팔리는 낙타들은 관광지로 가기도 하고, 여러 가지 물건을 실어 나르는 용도로 쓰인다고 합니다.

메모

예비초등 공습국어

정답 및 해설 4권

정답을 따로 떼어 내어 보관하고,
학습 지도 시 사용해 주세요.

12-13 쪽

1. 중심인물의 행동의 변화를 알아보는 문제입니다. 처음에 곰곰이는 엄마에게 친구에게 하듯이 손을 흔들며 인사를 했다가 엄마의 말씀을 듣고 다시 공손하게 인사를 드렸음을 짐작할 수 있습니다. 아이가 직접적으로 드러나지 않은 내용도 잘 이해할 수 있도록 지도해 주세요.

2. 주변 인물이 처한 상황과 중심인물이 한 행동을 파악하는 문제입니다. 곰곰이가 여우 아주머니를 보았을 때, 여우 아주머니는 우는 아기 여우를 안고 급히 걸어가고 있었습니다. 아이가 글의 내용을 잘 이해할 수 있도록 지도해 주세요.

3. 글의 전체 내용을 파악하고, 바람직한 행동을 생각해 보는 문제입니다. 아이가 문제를 잘 풀지 못하면 글을 다시 한 번 읽으면서 곰곰이가 잘못한 점과 그 상황에서 어떻게 행동하는 것이 좋은지 차근차근 지도해 주세요.

4. 글의 중심 생각을 이해하는 문제입니다. 이 글은 곰곰이의 이야기를 통해 인사를 할 때에는 상대가 누구인지, 상황이 어떠한지 등을 파악한 뒤에 인사를 해야 한다는 것을 알려 줍니다. 아이가 글의 의도를 정확하게 이해할 수 있도록 지도해 주세요.

14-15 쪽

1. '빙긋'은 소리 없이 가볍게 웃는 모양을 흉내 내는 낱말입니다. 글에서 '빙긋'이 어떤 부분에 쓰였는지 찾아 읽어 보고, 크게 웃는 모습, 소리 내어 작게 웃는 모습 등을 흉내 내며 '빙긋'과의 차이를 알 수 있도록 지도해 주세요.

2. '뽀로통한'은 못마땅하여 얼굴에 화가 난 빛이 나타나 있다는 뜻의 낱말입니다. 글에서 '뽀로통한'이 어떤 부분에 쓰였는지 찾아 읽어 보고, 문제 부분에 있는 그림을 살펴보도록 합니다. 특히 인물들의 표정을 잘 관찰할 수 있도록 지도해 주세요.

3. 알맞은 이어 주는 말을 찾아보는 문제입니다. 이어 주는 말은 아직 아이들이 이해하기 어려운 영역입니다. 따라서 이어 주는 말의 뜻을 정확하게 이해시키기보다 각각의 이어 주는 말을 넣어서 문장을 이어 읽었을 때 자연스럽게 읽히는 것을 고를 수 있도록 지도해 주세요.

4. 알맞은 인사말을 찾아 쓰는 문제입니다. 누가 누구에게 인사를 하고 있는지, 어떤 상황인지 각 그림의 내용을 잘 파악할 수 있도록 지도해 주세요. 그리고 〈보기〉에서 '잘 가'는 친구와 헤어질 때 하는 인사말로 알맞다는 것도 알려 주세요.

1. 편지를 쓴 사람과 편지를 받는 사람이 누구인지 알아보는 문제입니다. 주어진 글은 아빠가 아들 은기에게 쓴 편지입니다. 편지글의 형식에서 '받는 사람'은 가장 처음에 나타나고, '쓴 사람'은 가장 마지막에 나타난다는 사실을 지도해 주세요.

2. 글의 내용을 정확하게 이해하는 문제입니다. 아빠가 쓴 편지 내용을 통해 은기가 길에서 친구를 만났을 때 제대로 인사를 하지 못했음을 짐작할 수 있습니다. 아이가 알맞은 답을 고르지 못하면 이 문제와 관련된 부분을 다시 읽고 내용을 정확하게 이해할 수 있도록 지도해 주세요.

3. 글쓴이의 생각을 뒷받침하는 까닭을 파악하는 문제입니다. 아빠는 은기를 설득하기 위해 인사를 했을 때의 좋은 점을 알려 주고 있습니다. 이 부분을 다시 한 번 읽어 보고, 글의 내용을 이해할 수 있도록 지도해 주세요.

4. 글의 중심 생각을 이해하는 문제입니다. 편지는 글을 쓰는 목적이 분명한 글입니다. 아빠가 은기에게 어떤 부탁을 하고 싶어서 이 편지를 썼는지 정확하게 이해할 수 있도록 지도해 주세요.

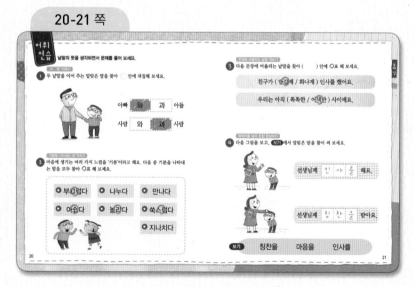

1. '과'와 '와'는 '그리고'나 '또'를 뜻하는 낱말입니다. '과'는 받침 있는 낱말 뒤에 붙고, '와'는 받침 없는 낱말 뒤에 붙는다는 차이점이 있습니다. 문제를 푼 뒤에 '사과와 배', '감과 귤' 등 여러 가지 예를 들어 아이가 이러한 차이점을 이해할 수 있도록 지도해 주세요.

2. 기분을 나타내는 말을 찾아보는 문제입니다. 이 활동은 초등 1학년 국어 과정에 나오는 내용과 연계됩니다. 기분을 나타내는 말을 찾은 뒤에는 그것이 어떤 느낌인지 이야기해 보도록 지도해 주세요.

3. 문장에 어울리는 낱말을 찾아보는 문제입니다. 아이가 각각의 낱말을 넣어서 문장을 읽었을 때 자연스럽게 읽히는 것을 고를 수 있도록 합니다. 그리고 '어색한'은 다소 어려운 낱말이므로, 글에서 다시 한 번 찾아 읽고 뜻을 정확하게 이해할 수 있도록 지도해 주세요.

4. 알맞은 목적어를 써넣어 문장을 완성하는 문제입니다. 각 그림의 내용을 잘 살펴보고, 〈보기〉에서 알맞은 낱말을 고를 수 있도록 합니다. 한 번에 고르지 못하면 〈보기〉에 나오는 각각의 낱말을 넣어서 문장을 읽어 보고, 자연스럽게 읽히는 것을 고를 수 있도록 지도해 주세요.

24-25 쪽

1. 글의 중심 글감을 파악하는 문제입니다. 설명하는 글에서는 제목에 중심 글감이 나타나는 경우가 많습니다. 이 글도 '서로 다른 인사법'이라는 제목에서 알 수 있듯이 인사법에 대해 설명한 글입니다. 아이가 글을 읽을 때 글의 제목에도 관심을 가질 수 있도록 지도해 주세요.

2. 말레이 사람들은 모자를 벗고 머리에 손을 얹어 인사를 하고, 우리나라 사람들은 손을 바닥에 대고 절을 하는 방법으로 인사를 한다고 했습니다. 아이가 문제를 잘 풀지 못하면 이 부분을 다시 한 번 읽고, 내용을 이해할 수 있도록 지도해 주세요.

3. 글의 내용을 정확하게 파악하는 문제입니다. 침을 뱉는 것은 아프리카에 있는 인사법이고, 서양 사람들은 악수를 하거나 껴안거나 입을 맞추는 인사를 주로 합니다. 아이가 글을 읽고 알게 된 사실을 바탕으로 하여 문제를 해결할 수 있도록 지도해 주세요.

4. 글의 중심 생각을 이해하는 문제입니다. 이 글은 세계 여러 나라의 인사법에 대해 설명한 것으로, 지역에 따라 다양한 인사법이 있음을 알려 줍니다. 아이가 글의 의도를 정확하게 이해할 수 있도록 지도해 주세요.

26-27 쪽

1. '명절'은 설, 추석, 단오처럼 온 겨레가 해마다 지키면서 즐겁게 보내는 날을 뜻하는 말입니다. 이처럼 우리말에는 포함 관계에 있는 낱말들이 있습니다. 아이가 보다 큰 의미를 가진 낱말과 그것에 속하는 종류의 낱말을 구별할 수 있도록 지도해 주세요.

2. 반대되는 표현을 찾아보는 문제입니다. 고개를 든 모습과 숙인 모습, 모자를 쓴 모습과 벗은 모습을 보고, 낱말의 뜻을 자연스럽게 이해할 수 있도록 지도해 주세요.

3. 풀이하는 문장을 시키는 문장으로 바꾸어 써 보는 문제입니다. 시키는 문장은 '명령문'이라고도 합니다. 보통 시키는 문장은 '～라.'로 끝을 맺습니다. '밥 먹어라.', '공부해라.', '싸우지 마라.' 등 생활 속에서 흔히 듣는 시키는 문장을 생각해 보게 함으로써 시키는 문장에 대해 확실히 이해할 수 있도록 지도해 주세요.

4. 알맞은 서술어를 써넣어 문장을 완성하는 문제입니다. 각그림의 내용을 잘 살펴보고, 〈보기〉에서 알맞은 낱말을 고를 수 있도록 합니다. 한 번에 고르지 못하면 〈보기〉에 나오는 각각의 낱말을 넣어서 문장을 읽어 보고, 자연스럽게 읽히는 것을 고를 수 있도록 지도해 주세요

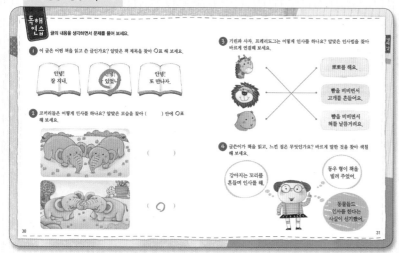

1. 글의 글감과 특징을 파악하는 문제입니다. 이 글은 "안녕! 잘 있었니?"라는 책을 읽고 쓴 독서 감상문입니다. 독서 감상문을 읽을 때에는 가장 먼저 어떤 책을 읽고 쓴 글인지 파악하도록 합니다. 그리고 아이가 글의 제목과 책의 제목을 혼동하지 않도록 지도해 주세요.

2. 글의 내용을 정확하게 이해하는 문제입니다. 코끼리들은 코를 앞으로 쭉 뻗어 서로의 코를 감아서 악수를 한다고 했습니다. 이러한 내용에 알맞은 그림을 고르도록 합니다. 문제를 잘 풀지 못하면 이 문제와 관련된 부분을 다시 한 번 꼼꼼히 읽을 수 있도록 지도해 주세요.

3. 글의 뒷부분의 내용을 정확하게 파악하는 문제입니다. 기린과 사자의 인사법은 비슷하면서도 차이가 있고, 프레리도그는 전혀 다른 인사법을 가지고 있습니다. 이러한 차이를 정확하게 파악하여 문제를 해결할 수 있도록 지도해 주세요.

4. 글의 내용을 구별하는 문제입니다. 독서 감상문에는 책을 읽게 된 동기, 책의 내용, 글쓴이의 생각이나 느낌 등이 나타납니다. 동우 형이 책을 빌려 주었다는 것은 책을 읽게 된 동기이고, 강아지는 꼬리를 흔들며 인사를 한다는 것은 읽은 책의 내용입니다. 그리고 동물들도 인사를 한다는 사실이 신기했다는 것은 글쓴이의 느낌입니다. 아이가 이것을 구별할 수 있도록 지도해 주세요.

1. '살랑살랑'은 가볍게 흔들리는 모양을, '주렁주렁'은 열매 등이 많이 매달린 모양을 흉내 내는 말입니다. 그리고 '푹'은 깊이 잠들거나 오래 쉬는 모양을, '쭉'은 곧게 펴는 모양을 나타내는 말입니다. '감이 주렁주렁 달려 있다.', '잠을 푹 자다.' 등의 예문을 들어서 아이가 낱말의 뜻을 구별할 수 있도록 지도해 주세요.

2. 동물 몸의 부분을 나타내는 말을 찾아 쓰는 문제입니다. 아이가 낱말을 정확히 읽고 쓸 수 있도록 지도해 주세요.

3. '을'과 '를'은 어떤 행동의 대상이나 장소임을 나타내는 말입니다. '을'은 받침 있는 낱말 뒤에 붙고, '를'은 받침 없는 낱말 뒤에 붙는다는 차이점이 있습니다. 문제를 푼 뒤에 '편지를 쓰다.', '그림을 그리다.' 등 여러 가지 예를 들어 아이가 이러한 차이점을 이해할 수 있도록 지도해 주세요.

4. 서술어를 꾸며 주는 말로 바꾸어 쓰는 문제입니다. 〈보기〉를 잘 보고, 아이가 스스로 바꾸어 쓸 수 있도록 지도해 주세요. 그리고 '멋있는 정기'처럼 꾸며 주는 말을 넣어 자기의 특성을 표현해 보도록 지도해 주세요.

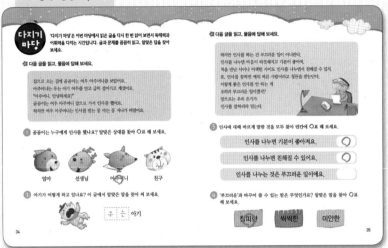

1. 글의 내용을 정확하게 파악하는 문제입니다. 곰곰이는 여우 아주머니께 인사를 했지만 아주머니는 그냥 지나가 버렸다고 하였습니다. 아이가 글의 내용을 정확하게 파악할 수 있도록 지도해 주세요.

2. 알맞은 꾸며 주는 말을 찾아 쓰는 문제입니다. 먼저 그림을 보고 아이가 스스로 알맞은 말을 생각해 보게 한 다음, 생각한 말이 글에 나타나 있는지 찾아보도록 해 주세요.

3. 주어진 글의 전체 내용을 정확하게 이해하는 문제입니다. 주어진 글은 인사를 했을 때의 좋은 점을 들어 인사를 잘하도록 권유하는 내용입니다. 인사를 나누는 것이 부끄러운 일이 아니라 인사를 안 하는 것이 부끄러운 일이라는 것을 다시 한 번 확인할 수 있도록 지도해 주세요.

4. 낱말의 뜻을 이해하는 문제입니다. '부끄럽다'는 잘못이나 실수를 해서 창피해하거나 남 앞에 나서는 것을 어려워한다는 뜻의 말입니다. 아이가 문제를 쉽게 풀지 못하면 글에서 '부끄러운'이 들어 있는 부분을 찾아 주어진 낱말들로 바꾸어 읽어 보게 하고, 자연스럽게 읽히는 것을 고를 수 있도록 지도해 주세요.

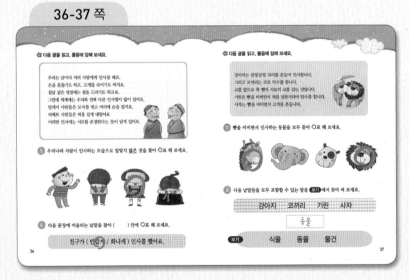

5. 글의 내용을 정확하게 파악하는 문제입니다. 손을 흔들거나 고개를 숙이거나 절을 하는 것은 우리나라의 인사법입니다. 하지만 혀를 내미는 것은 말레이 사람들의 인사법입니다. 우리는 상대방이 자기에게 혀를 내밀면 자기를 놀리는 행동이라고 생각합니다. 아이가 이러한 차이를 인지할 수 있도록 지도해 주세요.

6. 알맞은 꾸며 주는 말을 찾는 문제입니다. 이것을 어려워하는 아이는 각각의 말을 넣어서 문장을 이어 읽었을 때 자연스럽게 읽히는 것을 고를 수 있도록 지도해 주세요.

7. 글의 내용을 정확하게 이해하는 문제입니다. 주어진 부분에서는 강아지, 코끼리, 기린, 사자의 인사법이 설명되어 있습니다. 기린과 사자는 인사법에 차이가 있긴 하지만 뺨을 비비면서 인사를 한다는 점은 같습니다. 아이가 문제를 정확하게 읽고 답을 고를 수 있도록 지도해 주세요.

8. 포함하는 낱말을 생각하여 찾아 쓰는 문제입니다. 모든 살아 있는 생명체 중에서 풀이나 나무 같은 것은 '식물'이라고 하고, 그 밖의 것은 '동물'이라고 합니다. 그리고 '물건'은 사람이 쓰려고 만든 온갖 것을 가리킵니다. 아이가 이것을 이해하고 있는지 각각의 낱말에 포함되는 대상을 생각해 볼 수 있도록 지도해 주세요.

놀이 마당

정답게 인사해요
길을 따라가며 알맞은 인사말을 써 보는 놀이예요.

✿ 슬기가 빵집에 가면서 여러 사람을 만났어요. 상대가 누구인지, 어떤 상황인지 잘 살펴보고, 보기 에서 알맞은 인사말을 찾아 써 보세요.

다녀오겠습니다.

안녕하세요.

팔은 괜찮니?

잘 가.

고맙습니다.

미안해.

빵

보기   안녕하세요.   잘 가.   고맙습니다.
           다녀오겠습니다.   팔은 괜찮니?   미안해.

38

● 이 놀이 마당은 상대와 상황에 알맞은 인사말을 익히는 활동입니다.

인사말을 나누면 기분이 좋아지고, 서로 더 친해지며, 예의를 지킬 수 있습니다.
그런데 인사말을 할 때에는 상대가 누구인지, 어떤 상황인지를 생각해야 합니다.
엄마, 할아버지, 친구들, 아주머니 등 인사를 받는 상대가 어른일 때에는 예의 바르게 높임말을 사용하고,
친구일 때에는 다정하게 예사말을 사용해야 합니다.
또, 출입을 알리는 상황, 반가움을 표시하는 상황, 위로를 해야 하는 상황, 헤어지면서 아쉬운 마음을 나타내는 상황, 미안한 마음을 표시해야 하는 상황, 고마움을 표시해야 하는 상황 등 여러 가지 상황이 나옵니다.
아이가 이러한 점을 고려하여 알맞은 인사말을 찾아 쓸 수 있도록 지도해 주세요.

44-45 쪽

1. 글의 내용을 정확하게 파악하는 문제입니다. 이 글의 처음 부분에 나무에 붙어 있는 안내문의 내용이 드러나 있습니다. 아이가 글과 그림을 잘 연결하여 글에 직접적으로 드러나지 않은 내용도 파악할 수 있도록 지도해 주세요.

2. 인물의 생각을 이해하는 문제입니다. 사자는 딩동댕 악단에서 함께 악기를 연주할 단원을 모집한다는 안내문을 보고, 자기는 멋진 악기를 연주하게 될 것이라는 기대감을 가지고 딩동댕 악단실로 갔습니다. 아이가 알맞은 답을 찾지 못하면 사자의 생각이 나타나는 부분을 다시 한 번 꼼꼼히 읽을 수 있도록 지도해 주세요.

3. 인물이 한 일을 이해하는 문제입니다. 올빼미 지휘자는 힘센 사자를 보고 심벌즈를 치는 것이 어울릴 것 같다고 생각하여 심벌즈를 주었습니다. 아이가 인물이 한 일을 정확하게 이해할 수 있도록 지도해 주세요.

4. 글의 중심 생각을 이해하는 문제입니다. 이 글의 주인공인 사자는 '기대감 → 실망감 → 신이 남.'이라는 마음의 변화를 겪습니다. 이 글은 이러한 사자의 마음의 변화를 통해 악기를 연주하는 즐거움을 알려 줍니다. 아이가 이런 글의 의도를 정확하게 이해할 수 있도록 지도해 주세요.

46-47 쪽

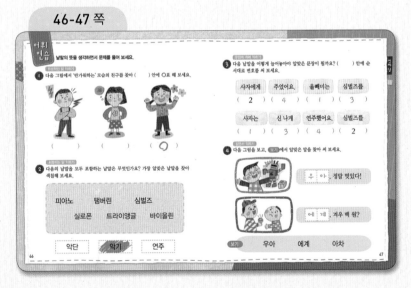

1. '반가워하다'는 반가움을 느낀다는 뜻입니다. 반갑다는 것은 보고 싶은 사람을 만나거나 바라던 일을 이루어 흐뭇하고 기쁘다는 뜻입니다. 아이가 반가워하는 모습을 흉내 내어 볼 수 있도록 지도해 주세요.

2. 낱말의 포함 관계를 알아보는 문제입니다. '악기'란 음악을 연주할 때 쓰는 기구를 통틀어 이르는 말입니다. '악단'은 음악을 연주할 목적으로 만든 모임을 가리키고, '연주'는 악기를 다루어서 음악을 들려주는 것을 말합니다. 아이가 낱말의 뜻을 구별하고, 주어진 악기 외에 다른 악기의 이름도 말해 볼 수 있도록 지도해 주세요.

3. 문장의 순서를 바르게 배열하는 문제입니다. 그런데 목적어와 부사어는 서로 자리가 바뀌어도 알맞은 문장이 됩니다. 답을 쓴 뒤에, 2번과 3번의 순서를 바꾸어서도 읽어 볼 수 있도록 지도해 주세요.

4. 알맞은 감탄사를 찾아 쓰는 문제입니다. '감탄사'란 놀람이나 느낌, 부름, 응답 등을 나타내는 말입니다. '우아'는 뜻밖의 기쁜 일이 생겼을 때 내는 소리이고, '에계'는 어떤 것을 하찮게 여길 때 내는 소리입니다. 그리고 '아차'는 무엇이 잘못된 것을 갑자기 깨달았을 때 내는 소리입니다. 아이가 이러한 감탄사들이 쓰이는 경우를 잘 구별할 수 있도록 지도해 주세요.

1. 글의 중심 글감을 파악하는 문제입니다. 주어진 글은 악기 체험전에 다녀온 일을 쓴 일기입니다. 요즈음에는 일기에 제목을 쓰는 것을 권장하고 있습니다. 아이가 글의 제목과 내용을 보고, 중심 글감을 바르게 파악할 수 있도록 지도해 주세요.

2. 내용을 정확하게 파악하는 문제입니다. 글쓴이는 첫 번째 방인 '악기 박물관'에서 많은 악기를 보았는데, 특히 여러 가지 크기의 못을 매달아 소리를 낼 수 있게 한 악기가 재미있었다고 했습니다. 아이가 글쓴이가 본 것과 느낀 것을 정확하게 파악할 수 있도록 지도해 주세요.

3. 글의 전체 내용을 이해하는 문제입니다. 글쓴이가 다녀온 악기 체험전은 여러 가지 방으로 나누어져 있었습니다. 글쓴이는 그중에서 '악기 체험 놀이터'가 가장 재미있었다고 했습니다. 아이가 글을 읽으며 간접적인 체험을 할 수 있도록 지도해 주세요.

4. 글의 중심 요소를 이해하는 문제입니다. 일기는 그날 겪은 일 중에서 가장 기억에 남는 일과 그 일에 대한 생각이나 느낌을 쓰는 글입니다. 이 글의 글쓴이는 악기 체험전에 다녀온 일과 정말 즐겁고 신 나는 하루였다는 느낌을 일기로 썼습니다. 아이가 글의 중심 요소를 잘 파악할 수 있도록 지도해 주세요.

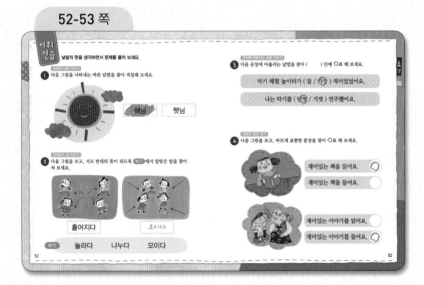

1. 정확한 낱말을 익히는 문제입니다. '해님'은 '해'를 사람처럼 생각하고 높여 이르는 말입니다. 아이들이 자주 쓰는 표현이지만, '햇님'으로 잘못 쓰는 경우가 많습니다. 아이가 '해님'을 정확하게 읽고 쓸 수 있도록 지도해 주세요.

2. 반대되는 표현을 찾아보는 문제입니다. '흩어지다'는 '한데 모였던 것이 따로따로 떨어지거나 사방으로 퍼지다.'라는 뜻입니다. 그리고 '나누다'는 '하나를 둘 이상으로 가르다.'라는 뜻입니다. 아이가 '흩어지다'의 반대 표현과 함께 '나누다'와의 차이도 알 수 있도록 지도해 주세요.

3. 문장에 어울리는 부사어를 찾아보는 문제입니다. 아이가 각각의 낱말을 넣어서 문장을 읽었을 때 자연스럽게 읽히는 것을 고를 수 있도록 지도해 주세요. '기껏'은 '힘이나 정도가 미치는 데까지'라는 뜻으로 보통 부정적인 상황에서 쓰입니다. '기껏 찾아갔더니 문을 안 열었어.'와 같은 예를 들어주어 아이가 쉽게 이해할 수 있도록 도와주세요.

4. 그림에 알맞은 문장을 찾아보는 문제입니다. '읽다'는 눈으로 글을 보는 것이고, '듣다'는 귀로 소리를 알아차리는 것입니다. 흔히 쓰는 표현이지만, 정확한 차이를 알 수 있도록 다시 한 번 지도해 주세요.

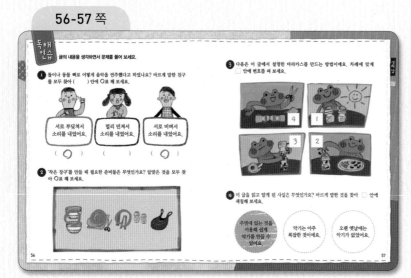

1. 글의 내용을 정확하게 파악하는 문제입니다. 글의 처음 부분에 오랜 옛날에는 돌이나 동물 뼈 등을 서로 부딪치거나 비비거나 두드려서 소리를 내었다는 설명이 나와 있습니다. 아이가 글의 내용을 정확히 파악할 수 있도록 지도해 주세요.

2. 글에 나타난 정보를 정확하게 파악하는 문제입니다. 아이가 문제를 잘 풀지 못하면 〈작은 장구 만들기〉의 설명을 다시 한 번 살펴보며, 재료가 나타난 부분에 밑줄을 쳐 볼 수 있도록 해 주세요.

3. 글의 내용을 정확하게 이해했는지 확인하는 문제입니다. 먼저 주어진 그림의 각 장면을 보면서 어떤 모습인지 파악합니다. 그리고 글에서 읽은 〈마라카스 만들기〉의 내용을 떠올리며 차례에 맞게 번호를 씁니다. 아이가 문제를 해결하지 못하면 해당하는 부분을 다시 한 번 꼼꼼히 읽도록 지도해 주세요.

4. 글의 중심 생각을 이해하는 문제입니다. 이 글은 주변에 있는 것들을 이용해 손쉽게 만들 수 있는 악기를 소개한 글입니다. 아이가 이런 글의 의도를 정확하게 이해할 수 있도록 지도해 주세요. 아이의 수준이 높다면 주어진 답 외에 아이가 이 글을 읽고 알게 된 사실을 말해 볼 수 있도록 합니다.

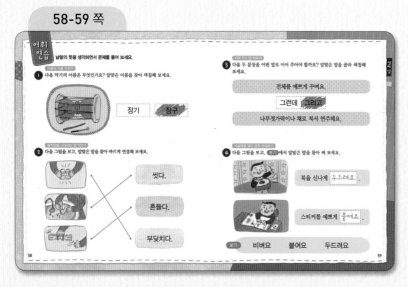

1. 사물의 정확한 이름을 익히는 문제입니다. 주어진 악기는 우리나라의 타악기로, '장구'라고 합니다. 원래 말은 '장고'인데, '장고'는 현재에는 잘 쓰이지 않는 표현이므로, '장구'라는 표현을 정확하게 알 수 있도록 지도해 주세요.

2. 그림을 보고, 알맞은 동사를 찾는 문제입니다. '씻다'는 물로 더러운 것을 깨끗이 닦는 것이고, '흔들다'는 좌우나 위아래로 움직이게 하는 것입니다. 그리고 '부딪치다'는 세게 맞댄다는 뜻입니다. 아이가 그림을 보고 낱말의 뜻을 자연스럽게 이해할 수 있도록 지도해 주세요.

3. 알맞은 이어 주는 말을 찾아보는 문제입니다. '그런데'는 '그렇기는 하지만' 또는 '그러던 때에'라는 뜻을 가지고, '그리고'는 '그밖에 더' 또는 '그다음에'라는 뜻을 가집니다. 아이가 각각의 이어 주는 말을 넣어서 문장을 연결하여 읽어 보고, 자연스럽게 읽히는 경우를 고를 수 있도록 지도해 주세요.

4. 알맞은 서술어를 써넣어 문장을 완성하는 문제입니다. '비비다'는 맞대고 문지르는 것이고, '붙이다'는 어떤 것을 꽉 닿아 떨어지지 않게 하는 것이며, '두드리다'는 소리가 나게 자꾸 친다는 뜻입니다. 아이가 각 그림의 내용을 잘 살펴보고, 〈보기〉에서 알맞은 낱말을 고를 수 있도록 지도해 주세요.

62-63 쪽

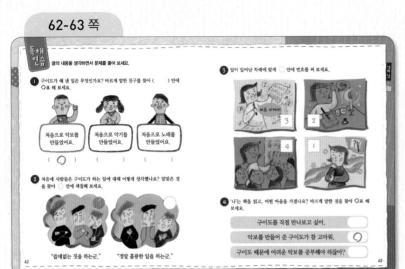

1. 글의 내용을 정확하게 파악하는 문제입니다. 글쓴이는 '도레미'라는 책을 읽었는데, 그 책은 최초로 악보를 만든 구이도 다레초에 대한 이야기라고 했습니다. 이것은 글쓴이가 읽은 책의 내용을 가장 잘 설명해 주는 부분입니다. 독서 감상문을 읽을 때에는 글쓴이가 읽은 책에 대해 정확하게 파악할 수 있도록 지도해 주세요.

2. 글의 내용을 정확하게 이해하는 문제입니다. 사람들은 노랫소리를 적겠다는 구이도의 생각을 받아들이지 않았다고 했습니다. 아이가 글의 내용을 바탕으로 직접적으로 설명되지 않은 상황에 대해 생각해 볼 수 있도록 지도해 주세요.

3. 글의 전체 내용을 이해하는 문제입니다. 글쓴이가 읽은 책은 인물에 대한 전기이므로, 그림을 통해 인물의 생애와 업적을 잘 정리해 볼 수 있도록 지도해 주세요.

4. 글의 중심 생각을 이해하는 문제입니다. 이 글은 독서 감상문의 가장 일반적인 형식으로, 처음 부분에 책을 읽게 된 동기, 가운데 부분에 책의 내용, 끝 부분에 감상이 나타나 있습니다. 독서 감상문에서는 특히 감상 부분이 중요하므로, 끝 부분을 다시 한 번 꼼꼼히 읽고 문제를 해결할 수 있도록 지도해 주세요.

64-65 쪽

1. 낱말의 뜻을 이해하고 상황에 적용해 보는 문제입니다. '포기하다'는 하려던 일을 그만둔다는 뜻입니다. 따라서 이 말이 어울리는 상황은 첫 번째 그림입니다. 아이가 문제를 해결하지 못하면, '포기하다'의 뜻을 먼저 이해시켜 주세요.

2. 알맞은 다의어를 찾는 문제입니다. '치다'는 매우 다양한 뜻을 가지고 있는 다의어입니다. 다의어를 공부할 때에는 사전적인 뜻을 알려 주기보다 주어진 문제와 같이 낱말이 쓰이는 여러 가지 상황을 제시하여, 아이가 낱말의 쓰임을 자연스럽게 이해할 수 있도록 지도해 주세요.

3. 원인과 결과를 알아보는 문제입니다. '그래서'는 '그렇기 때문에'라는 뜻으로, 앞 문장은 원인이고 뒤 문장은 결과입니다. 아이에게 '원인'과 '결과'라는 표현은 어려울 수 있으므로, 쉽게 악보가 없어서 어떤 일이 일어났는지를 찾아볼 수 있도록 지도해 주세요.

4. 알맞은 문장을 만드는 문제입니다. 주어진 낱말을 바르게 배열하면 '주어+목적어+서술어'로 이루어진 문장이 됩니다. 낱말의 순서를 바꾸어 쓸 수도 있지만, 여기에서는 가장 기본적인 문장의 짜임을 학습해야 하므로 '주어+목적어+서술어'의 순서가 되도록 지도해 주세요.

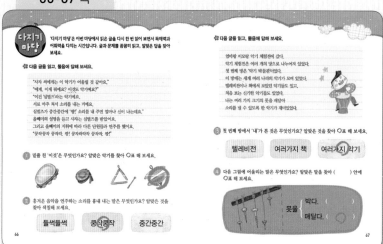

1. 글의 내용을 정확하게 파악하는 문제입니다. '이것'은 말하는 사람과 가까이 있는 것을 가리키는 대명사로, 이 글에서는 올빼미가 사자에게 준 악기, 즉 '심벌즈'를 가리킵니다. 아이가 글의 앞뒤 내용을 잘 살펴 가리키는 말의 내용을 정확하게 파악할 수 있도록 지도해 주세요.

2. 소리를 흉내 내는 말을 찾는 문제입니다. '중간중간'은 흉내 내는 말이 아니고, '들썩들썩'은 몸의 한 부분이 들렸다 내려앉는 모양을 흉내 내는 말입니다. 아이가 정확한 낱말 뜻을 모르고 있다 하더라도 글의 내용을 통해 유추할 수 있도록 지도해 주세요.

3. 주어진 글의 내용을 정확하게 이해하는 문제입니다. 글에 구체적으로 나와 있는 것은 '여러 가지 크기의 못을 매달아 소리를 낼 수 있도록 한 악기'이지만, 아이가 글의 전체 내용을 살펴 글쓴이가 다양한 악기를 보았음을 알 수 있도록 지도해 주세요.

4. 낱말의 뜻을 구별하는 문제입니다. '박다'는 물체를 치거나 밀어서 어떤 것에 꽂는다는 뜻이고, '매달다'는 줄이나 끈 같은 것으로 잡아매어 달려 있게 한다는 뜻입니다. 주어진 그림을 보고, 아이가 정확한 낱말을 고를 수 있도록 지도해 주세요.

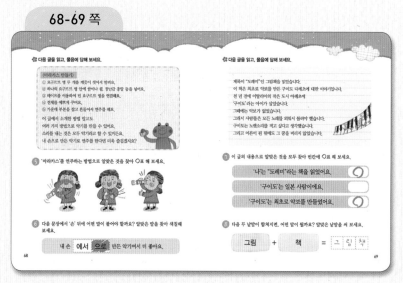

5. 글에 나타난 정보를 정확하게 이해하는 문제입니다. 〈마라카스 만들기〉에서 ①~④는 마라카스를 만드는 방법을 설명한 것이고, ⑤는 다 만든 마라카스로 연주하는 방법을 설명한 것입니다. 아이가 이러한 내용을 정확하게 이해할 수 있도록 지도해 주세요.

6. 알맞은 조사를 찾아보는 문제입니다. '에서'는 낱말 뒤에 붙어 어떤 일이 벌어지는 곳임을 나타내는 말이고, '으로'는 낱말 뒤에 붙어 '그것을 써서'라는 뜻을 나타내는 말입니다. 아이가 각각의 말을 붙여서 읽었을 때 자연스럽게 읽히는 것을 고를 수 있도록 지도해 주세요.

7. 주어진 글의 전체 내용을 이해하는 문제입니다. 글에서 이탈리아의 작은 도시 아레초에 '구이도'라는 아이가 살았다고 했으므로, 구이도는 이탈리아 사람입니다. 아이가 글을 꼼꼼히 읽고 문제를 해결할 수 있도록 지도해 주세요.

8. 합성어를 쓰는 문제입니다. 합성어란 뜻을 가진 두 개의 낱말이 합쳐져서 새로운 단어가 된 말입니다. 아이가 이 문제를 통해 '그림책'은 '그림'과 '책'이 합쳐져서 된 말이라는 것을 이해할 수 있도록 지도해 주세요.

앗, 이상한데?
여러 가지 악기의 모습에서 다른 부분을 찾는 놀이예요.

🌸 악기점에 악기가 많이 있네요. 두 그림을 잘 보고, 아래 그림에서 위의 그림과 다른 곳을 다섯 군데 찾아 ○표 해 보세요.

70

● 이 놀이 마당은 여러 가지 악기의 모습에서 다른 부분을 찾아보는 활동입니다.

악기는 음악을 연주할 때 쓰는 기구로, 모양과 크기, 소리를 내는 방법 등이 악기마다 다릅니다.
피아노는 건반 악기로, 흰 건반과 검은 건반이 있습니다. 검은 건반은 '도, 레, 미' 위에 2개, '파, 솔, 라, 시' 위에 3개가 있습니다.
바이올린은 줄은 켜서 소리를 내는 현악기입니다. 바이올린의 줄은 4개입니다.
탬버린은 금속 또는 목재 테의 한쪽 면에 가죽을 대고 둘레에 작은 방울을 달아 만든 타악기입니다.
기타는 표주박처럼 생긴 울림통에 6개의 줄을 맨 현악기입니다.
큰북은 굵은 채 하나로, 작은북은 가는 막대기 두 개로 두드려서 소리를 내는 악기입니다.
아이가 다른 그림을 찾으며 이러한 악기들의 특징을 자연스럽게 알 수 있도록 지도해 주세요.

76-77 쪽

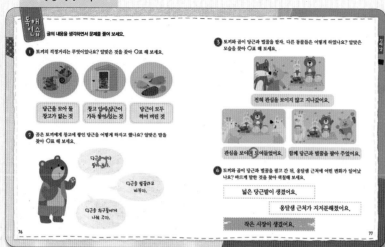

1. 일이 일어나게 된 원인을 파악하는 문제입니다. 토끼는 창고 안에 가득 쌓여 있는 당근을 어떻게 할까 고민하다가 내다 팔기로 하였습니다. 일의 원인과 결과를 잘 파악해야 이야기를 정확하게 이해할 수 있습니다. 이야기를 읽은 뒤, 아이가 이야기의 내용을 원인과 결과로 나누어 정리해 볼 수 있도록 지도해 주세요.

2. 글의 내용을 파악하는 문제입니다. 곰은 창고에 쌓여 있는 당근을 어떻게 해야 할지 고민하는 토끼에게 좋은 생각을 말해 주었습니다. 곰이 말한 좋은 생각이 무엇인지, 곰이 토끼에게 말하는 부분을 잘 읽고 아이가 내용을 파악할 수 있게 지도해 주세요.

3. 글의 내용을 파악하는 문제입니다. 토끼와 곰이 옹달샘 근처에 자리를 펼치고 장사를 시작하자, 동물들은 큰 관심을 보이며 모여들었고 당근과 벌꿀은 눈 깜짝할 사이에 다 팔려 나갔습니다. 토끼와 곰이 당근과 벌꿀을 팔러 갔을 때의 상황을 아이가 바르게 이해할 수 있게 지도해 주세요.

4. 일의 결과를 파악하는 문제입니다. 글의 끝 부분을 읽어 보면, 토끼와 곰이 당근과 벌꿀을 팔고 간 뒤 숲 속 옹달샘 근처에 작은 시장이 생겼다고 나와 있습니다. 숲 속 동물들의 마을에 어떻게 해서 시장이 생기게 되었는지, 원인과 결과를 중심으로 이야기의 흐름을 파악할 수 있게 지도해 주세요.

78-79 쪽

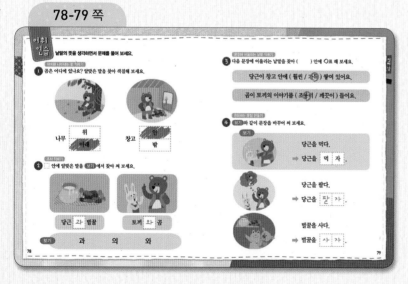

1. 위치를 나타내는 말을 익히는 문제입니다. 아이가 제시된 말 이외에 '앞', '뒤', '옆', '사이' 등 위치를 나타내는 다른 말도 익힐 수 있게 지도해 주세요.

2. '과'와 '와'는 둘 이상의 사물을 같은 자격으로 이어 주는 말입니다. '과'는 받침이 있는 낱말 뒤에, '와'는 받침이 없는 낱말 뒤에 붙는다는 차이점이 있습니다. 문제를 푼 뒤, '수박과 참외', '개와 고양이' 등 여러 가지 예를 들어 아이가 '과'와 '와'의 차이점을 자연스럽게 알 수 있게 지도해 주세요.

3. 문장에 어울리는 낱말을 찾아보는 문제입니다. 아이에게 각각의 낱말을 넣어서 문장을 읽어 보게 한 뒤, 자연스럽게 읽히는 것을 고를 수 있도록 지도해 주세요.

4. 풀이하는 문장을 권유하는 문장으로 바꾸어 써 보는 문제입니다. 보통 권유하는 문장은 '~자.'로 끝을 맺습니다. 문제를 푼 뒤에는 '놀이터에 가자.', '노래를 부르자.', '밥을 먹자.' 등과 같이 여러 가지 권유하는 문장을 아이와 함께 만들어 보며, 아이가 권유하는 문장에 대해 확실히 이해할 수 있게 지도해 주세요.

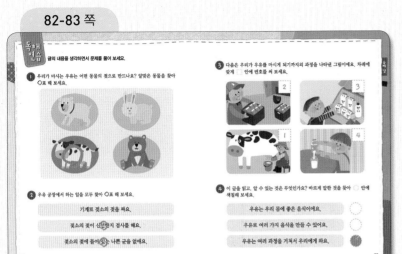

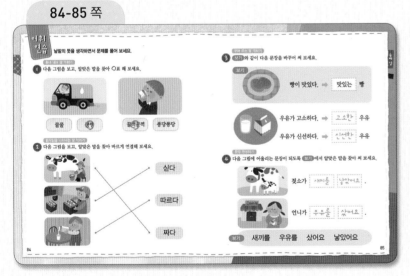

1. 글의 세부 내용을 파악하는 문제입니다. 글을 읽어 보면, 우유를 만들기 위해 젖소에게서 젖을 어떻게 얻어내고 짜 낸 젖을 어떻게 하는지 알 수 있습니다. 아이에게 문제와 관련된 부분을 다시 한 번 읽어 보게 하여, 우유가 만들어 지는 과정을 이해할 수 있도록 지도해 주세요.

2. 글의 세부 내용을 파악하는 문제입니다. 우유 공장에서는 젖소의 젖이 신선하고 안전한지 검사를 한 다음, 맛 좋고 안전한 우유를 만들기 위해 여러 가지 작업을 합니다. 글 의 내용을 통해서도 알 수 있지만, 기계로 젖소의 젖을 짜 내는 것은 우유를 만들기 위해 목장에서 가장 먼저 하는 일임을 아이에게 알려 주세요.

3. 글의 전체 흐름을 파악하는 문제입니다. 제시된 글과 문 제의 그림을 통해 아이가 젖소의 젖이 어떤 작업을 거쳐 우유로 만들어지고, 그 우유가 어떤 과정을 거쳐 우리 손 에 들어오게 되는지 이해할 수 있게 지도해 주세요.

4. 글의 중심 생각을 이해하는 문제입니다. 이 글은 우유의 유통 과정을 간략하게 설명하는 글로, 우유가 여러 단계 를 거쳐 우리 손에 들어온다는 사실을 알려 줍니다. 아이 가 글의 의도를 정확하게 이해할 수 있게 지도해 주세요.

1. '쌩쌩'은 사람이나 물체가 빠르게 움직이는 소리나 모양을, '쿨쿨'은 곤하게 깊이 자면서 숨을 크게 쉬는 소리나 모양 을 흉내 내는 말입니다. 그리고 '꿀꺽꿀꺽'은 마실 것이나 음식물이 목구멍으로 한꺼번에 많이 넘어가는 소리나 모 양을, '퐁당퐁당'은 작고 단단한 물건이 잇따라 물에 떨어질 때 나는 소리를 흉내 내는 말입니다. 주어진 흉내 내는 말 을 넣어 그림의 내용을 문장으로 만들어 보면서, 알맞은 말 을 찾을 수 있게 지도해 주세요.

2. 움직임을 나타내는 말, 즉 동사를 익히는 문제입니다. 제시 된 그림 속 상황과 어울리는 낱말을 찾아보며, 아이가 각 동사의 뜻을 자연스럽게 이해할 수 있게 지도해 주세요.

3. 서술어를 꾸며 주는 말로 바꾸어 보는 문제입니다. 아이가 어려워할 경우에는 '바나나는 노랗다.'는 '노란 바나나'로, '물이 뜨겁다.'는 '뜨거운 물'로 바뀐다는 것을 알려 주어, 문 장이 바뀌는 규칙을 이해할 수 있게 지도해 주세요.

4. '주어+목적어+서술어' 구조의 문장을 익히는 문제입니다. 문제를 풀고 난 뒤에는 아이와 번갈아 '토끼가 당근을 먹어 요.', '동생이 우유를 마셔요.' 등과 같이 '주어+목적어+서술 어' 구조의 문장을 만들어 보는 활동을 해 보세요.

15

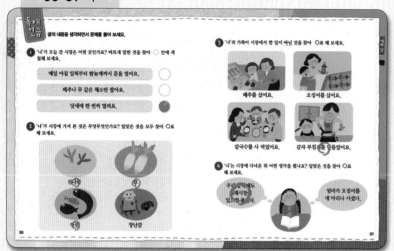

1. 글의 중심 글감에 대해 알아보는 문제입니다. 이 글은 아빠, 엄마와 함께 재래시장에 다녀온 아이가 쓴 일기입니다. 일기의 앞부분을 보면, 동네의 큰 마트와 비교하여 글쓴이가 다녀온 재래시장의 특징이 잘 나타나 있습니다. 아이가 문제의 의도를 잘 파악하지 못하면, 글의 앞부분을 다시 읽고 문제를 풀 수 있게 지도해 주세요.

2. 글쓴이가 재래시장에 가서 본 것을 찾아보는 문제입니다. 글쓴이는 산에서 직접 캔 산나물, 밭에서 직접 기른 무와 배추, 싱싱한 생선 등을 보았다고 했습니다. 그러나 글의 끝 부분에 장난감 구경은 하지 못했다고 나와 있습니다. 아이가 문제에 해당하는 부분을 잘 읽고, 알맞은 답을 찾을 수 있게 지도해 주세요.

3. 글쓴이가 재래시장에 가서 한 일을 파악하는 문제입니다. 일기를 보면, 식당 아줌마가 감자 부침개를 공짜로 주셨다는 내용은 있지만, 엄마가 감자 부침개를 만들었다는 내용은 나와 있지 않습니다. 아이가 글의 내용을 바르게 이해하여 문제를 풀 수 있게 지도해 주세요.

4. 글쓴이의 생각을 파악하는 문제입니다. 일기는 그날 있었던 일 중에서 가장 기억에 남는 일과 그 일에 대한 생각이나 느낌을 솔직하게 기록하는 글입니다. 이 일기에도 글쓴이가 겪은 일과 글쓴이의 생각이 잘 나타나 있습니다. 아이가 글쓴이가 겪은 일과 글쓴이의 생각을 구별해 볼 수 있도록 지도해 주세요.

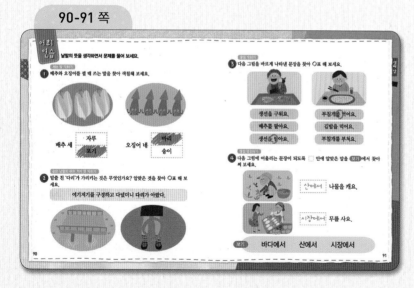

1. '포기'는 배추처럼 뿌리가 달려 있는 풀을 세는 말이고, '자루'는 연필이나 총처럼 길쭉한 필기도구나 연장 등을 세는 말입니다. 그리고 '마리'는 짐승이나 물고기 등을 세는 말이고, '송이'는 꽃이나 열매 등을 세는 말입니다. 세는 말을 알맞게 넣어, 아이와 함께 주위에 있는 것들을 세어 보세요. 이를 통해 아이는 세는 말을 익히고, 대상에 따라 세는 말이 다르다는 사실을 알게 될 것입니다.

2. 소리는 같지만 뜻이 다른 낱말, 즉 동음이의어를 익히는 문제입니다. '아팠다'라는 말로 보아 이 문장에 쓰인 '다리'는 건너는 다리가 아니라 신체의 한 부분인 '다리'라는 것을 알 수 있습니다. 이처럼 동음이의어는 낱말 자체로는 그 뜻을 알기 어렵지만 문장 속에서 그 뜻을 쉽게 파악할 수 있다는 사실을 알려 주세요.

3. 그림에 어울리는 문장을 찾아보는 활동을 통해 짧은 문장을 익히는 문제입니다. 아이가 그림을 주의 깊게 보고, 알맞은 문장을 찾아볼 수 있게 지도해 주세요.

4. 장소를 나타내는 말을 넣어 문장을 완성해 보는 문제입니다. 아이가 그림을 잘 보고, 알맞은 말을 써넣어 문장을 완성할 수 있게 지도해 주세요. 이와 더불어 '에서'가 '장소' 뒤에 쓰이는 조사라는 사실도 자연스럽게 알려 주세요.

94-95 쪽

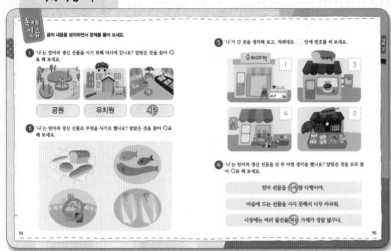

1. 이야기의 배경이 되는 곳을 찾아보는 문제입니다. 이 글은 엄마의 생신 선물을 사기 위해 시장에 다녀온 글쓴이의 이야기가 담긴 생활문입니다. 글쓴이가 간 곳이 어디인지 파악함으로써, 이야기가 벌어지는 장소를 자연스럽게 알 수 있게 지도해 주세요.

2. 글의 세부 내용을 파악하는 문제입니다. 글의 앞부분을 보면 글쓴이가 예쁜 꽃을 사야겠다고 생각하는 내용이 나옵니다. 또한 글의 끝 부분에도 노란 꽃이 피어 있는 조그마한 화분을 샀다는 내용이 나옵니다. 아이가 글의 내용을 바르게 이해하여 알맞은 답을 찾을 수 있게 지도해 주세요.

3. 이야기의 흐름을 파악하는 문제입니다. 이야기의 흐름을 제대로 알면, 그 내용을 정확하게 이해할 수 있습니다. 글쓴이가 시장에서 들른 곳을 차례대로 짚어 보는 활동을 통해, 글쓴이가 엄마의 생신 선물을 사기까지 어떤 일을 겪었는지 다시 한 번 생각해 볼 수 있게 지도해 주세요. 또한 이를 통해 시장에는 여러 가지 물건을 파는 가게가 많이 있다는 사실을 알 수 있도록 도와주세요.

4. 글쓴이의 생각을 알아보는 문제입니다. 글쓴이는 엄마의 생신 선물을 사기 위해 혼자서 시장을 헤매고 다니다가 시장에 여러 물건을 파는 가게가 많이 있다는 사실을 알게 되고, 다행히 마음에 드는 선물도 찾아냅니다. 글의 끝 부분에 나와 있는 글쓴이의 생각을 바탕으로, 아이가 알맞은 답을 찾을 수 있게 지도해 주세요.

96-97 쪽

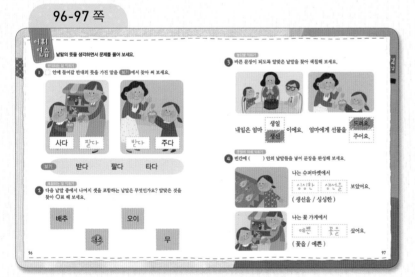

1. 반대말을 익히는 문제입니다. 꽃을 사고파는 모습, 선물을 주고받는 모습을 통해 아이가 '사다'와 '팔다', '주다'와 '받다'가 반대되는 뜻을 가진 낱말이라는 것을 이해할 수 있게 지도해 주세요.

2. 다른 말을 포함하는 낱말을 찾아보는 문제입니다. '채소'는 밭에서 기르는 식물을 뜻하는 말로, 배추, 오이, 무 등이 채소에 포함됩니다. 아이가 문제를 잘 이해하지 못할 경우에는 '호랑이, 사자, 곰' 등은 '동물'에 포함되고, '사과, 배, 감' 등은 '과일'에 포함된다는 것을 알려 주어 포함하는 낱말과 포함되는 낱말의 관계를 이해할 수 있도록 도와주세요.

3. 높임말을 익히는 문제입니다. '할머니 생신이에요.', '동생의 생일이에요.'와 같이 생활 속에서 일어나는 일과 연관 지어 아이가 높임말을 자연스럽게 익힐 수 있게 지도해 주세요. 또한 아이와 함께 예사말을 높임말로 바꾸어 보거나 높임말을 예사말로 바꾸어 보는 놀이를 해 보는 것도 높임말을 재미있게 익힐 수 있는 방법입니다.

4. 5어절의 문장 구조를 익히는 문제입니다. 꾸며 주는 말이 목적어 앞에 와야 바른 문장이 된다는 것에 유의하여 문장을 완성할 수 있게 지도해 주세요.

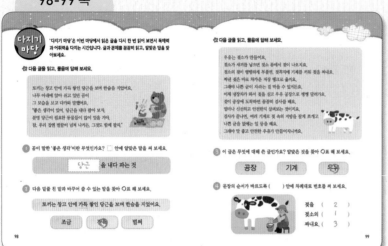

1. 글의 내용을 파악해 보는 문제입니다. 곰은 창고에 가득 쌓인 당근을 어떻게 해야 할지 몰라서 고민하는 토끼에게 당근을 내다 팔자고 말했습니다. 아이가 곰이 이야기하는 부분을 주의 깊게 살펴보고 알맞은 말을 찾아 써넣을 수 있도록 지도해 주세요.

2. 뜻이 비슷한 말을 찾아보는 문제입니다. '가득'과 '잔뜩'은 사람이나 물건이 한곳에 꽉 들어찬 모양을 나타내는 말입니다. 한편 '조금'은 정도나 분량이 적은 것을 나타내는 말이고, '벌써'는 짐작한 것보다 이른 것을 나타내는 말입니다. 아이에게 '가득' 대신 주어진 낱말을 넣어서 문장을 읽어 보게 하고, 자연스럽게 읽히는 것을 고를 수 있게 지도해 주세요.

3. 젖소의 젖이 공장에서의 작업을 거쳐 우유가 되는 과정을 설명하는 글입니다. 아이가 글의 중심 글감을 제대로 파악할 수 있게 지도해 주세요.

4. 문장의 차례를 익히는 문제입니다. 순서가 뒤바뀌면 올바른 문장이 되지 않는다는 점에 유의하여, 아이가 문장을 제대로 완성할 수 있게 지도해 주세요.

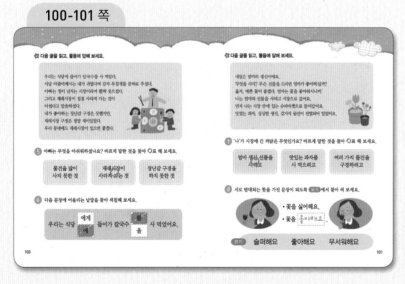

5. 글의 내용을 파악하는 문제입니다. 글쓴이의 아빠는 옛날부터 있어 온 재래시장들이 점점 사라져 가는 것이 아쉽다고 말씀하셨습니다. 아이와 함께 문제와 관련된 부분을 다시 짚어 보고, 아이가 글의 내용을 확실히 이해할 수 있게 지도해 주세요.

6. 알맞은 조사를 찾는 문제입니다. '에게'는 사람이나 동물 뒤에 붙는 조사이며, '에'는 장소를 나타내는 조사입니다. 그리고 '를'은 받침이 없는 낱말 뒤에 붙는 목적격 조사이며, '을'은 받침이 있는 낱말 뒤에 붙는 목적격 조사입니다. 아이에게 주어진 조사를 각각 넣어 문장을 읽어 보게 하고, 자연스럽게 읽히는 것을 고를 수 있게 지도해 주세요.

7. 글의 내용을 파악하는 문제입니다. 글의 앞부분에 글쓴이가 엄마의 선물을 사려고 집을 나섰다는 내용이 나와 있습니다. 이것이 글쓴이가 시장에 간 까닭이 됩니다. 아이가 글의 흐름을 바르게 이해하여 문제를 풀 수 있게 지도해 주세요.

8. 반대말을 익히는 문제입니다. 꽃을 싫어하는 모습의 그림과 꽃을 좋아하는 모습의 그림을 보고, 낱말의 뜻을 자연스럽게 이해할 수 있게 지도해 주세요. 또한 '좋아해요'와 '싫어해요' 앞에 다른 낱말을 넣어 다양한 문장을 만들어 보면 아이는 두 낱말의 뜻을 확실히 알게 될 것입니다.

놀이마당

우리 동네 시장
각 가게에서 파는 물건을 색칠해 보고, 가게의 이름을 지어 보는 놀이예요.

🌸 시장에는 갖가지 물건을 파는 가게가 많이 있어요. 각각의 가게에서 파는 물건을 색칠해 보고, 각 가게의 이름을 멋지게 지어 보세요.

신선채소 · 일등문구 · 싱싱생선 · 맛나빵집

102

● 이 놀이 마당은 여러 가게에서 파는 물건들을 알아보고, 각 가게의 이름을 자유롭게 지어 보는 활동입니다.

옛날에는 시장이 흔하지 않아 생활에 필요한 물건들을 구하기가 힘들었습니다.
그러나 요즈음은 물건들을 사기가 무척 쉽습니다. 시장은 물론이고, 백화점이나 대형 마트 등 여러 가지 물건을 파는 곳이 곳곳에 있기 때문이지요.
우리가 생활하려면, 시장이나 가게, 또 여러 가지 물건은 꼭 필요합니다. 하지만 우리는 평소에 그 필요성이나 소중함을 잘 느끼지 못합니다.
가게에서 파는 물건을 색칠해 보고, 가게 이름을 지어 보는 활동을 통해, 우리 주위에 여러 물건을 파는 가게가 많이 있음을 다시 한 번 생각해 볼 수 있게 지도해 주세요.
이와 더불어 생활에 필요한 물건을 만들고, 운반하고, 그 것을 우리 손에 들어오도록 도와주는 사람들의 고마움을 깨닫고, 물건을 아껴 쓰는 태도를 가질 수 있게 이끌어 주세요.